RECONOCIMIENTOS

Tony Suárez nos trae una palabra muy necesaria para estos tiempos. Incluso el título del libro, *Hacedores de avivamiento*, es un llamado audaz para que el cuerpo de Cristo deje de estar esperando un mover de Dios y se ponga en marcha, porque si Dios vive dentro de ti y tú comienzas a moverte, entonces tú mismo serás el mover de Dios. Cada palabra de este libro es un recordatorio audaz de que, si has nacido de nuevo y estás lleno del Espíritu Santo, tú eres la solución que has estado esperando y por la que has estado clamando.

JENTEZEN FRANKLIN
Pastor principal, iglesia Free Chapel
Autor de bestsellers del *New York Times*

¿Es posible que estés esperando que Dios haga algo que Él ya haya hecho? ¿Qué tal si el gran avivamiento por el que has estado orando no está por llegar, sino que ya está aquí? En el nuevo libro de Tony, *Hacedores de avivamiento*, serás desafiado e inspirado a dejar de buscar el avivamiento y comenzar a vivir en tu propósito y a ser un hacedor de avivamiento.

PAULA WHITE CAIN
Pastora, iglesia City of Destiny

Hacedores de avivamiento es un libro sobre avivamiento escrito de manera magistral desde una perspectiva pentecostal pura por alguien que sabemos que lleva esa unción en lo profundo de su ADN espiritual. Tony explica claramente lo que significa ser un hacedor de avivamiento y lo que ello requiere. Ser hacedor y portador de un avivamiento a nivel personal o colectivo requiere intencionalidad. Este libro te guiará por ese camino estrecho pero glorioso. Tony ha incluido en su libro todo lo necesario para enseñarte cómo pagar el precio. ¡Usa estos valiosos principios y comienza a vivir la vida de un hacedor de avivamiento!

PAUL Y KIM OWENS, promotores de avivamiento
Autor de *Doorkeepers of revival*
[Guardianes del avivamiento]
Pastores, iglesia Fresh Start Church
Peoria, Arizona

Mientras que algunos están en la búsqueda de un avivamiento, Tony Suárez ya lo está experimentando. Si buscas reavivar la llama del avivamiento en tu corazón o sientes como si el fuego del avivamiento en tu interior se ha extinguido a causa del caos escalofriante de una cultura que le ha dado la espalda a Dios, este libro es para ti. ¡Mi misión junto al pastor Joel Osteen y a la iglesia Lakewood es conectar a millones de personas —en su mayoría inconversos o creyentes que no se congregan— con iglesias que tengan un fundamento bíblico: iglesias que prediquen la esperanza en Cristo y que sean *¡verdaderas hacedoras de avivamiento!* Al compartir con Tony raíces similares y la pasión por dar un fruto que perdure para el Reino, creemos y apoyamos completamente el importante mensaje de avivamiento cristocéntrico que Tony predica con tanta claridad y unción divinas.

PHIL MUNSEY
Presidente del ministerio Champions Network
(iglesia Lakewood Church de Joel Osteen)
Houston, Texas

El nombre Tony Suárez es sinónimo de avivamiento, un avivamiento real que transforma vidas. En mi opinión, la convicción que Tony tiene sobre el avivamiento lo convierte en una de las voces más relevantes de la actualidad. A menudo ha sido convocado por la denominación Church of God [Iglesia de Dios] para inspirar e instruir a nuestros pastores en su búsqueda de un mover auténtico del Espíritu Santo en las iglesias locales. Animo a todos los que tengan hambre de Dios a conseguir y leer este libro que marca la diferencia: *¡Hacedores de avivamiento!*

OBISPO TIM HILL
Supervisor general, Church of God

El libro *Hacedores de avivamiento* es esa palabra actual que te inspirará y te impulsará a ser parte del mover de Dios que tanto ansía tu familia, tu ciudad y tu región. Así que prepárate, este libro no es para los débiles de corazón. Más bien, es un texto absolutamente imprescindible para aquellos que quieren ver el poder de Dios manifestarse hoy en día como lo hizo en el libro de los Hechos. Es una lectura obligada para el remanente radical que Dios está levantando: aquellos que están cansados del conformismo y las estratagemas, y están listos para ver a las naciones experimentar un avivamiento. El avivamiento que anhelas ver comienza contigo, ¡porque eres un hacedor de avivamiento!

TONY STEWART
Pastor principal, iglesia Citylife Church
Tampa, Florida

Mi amigo Tony Suárez anhela ver a la iglesia experimentar un mover de Dios que no sea solo temporal sino continuo. En su libro más reciente, *Hacedores de avivamiento,* desafía de manera eficaz nuestra concepción de la fe y nuestra relación con el Espíritu Santo. El avivamiento es exactamente lo que nuestro mundo necesita, ¡y está aquí! Personalmente, puedo decir que no son solo palabras en una página, sino que Tony expone su corazón en este libro, y lo hemos comprobado de primera mano en la iglesia

Motor City Church. Este libro es una lectura obligada para cualquiera que desee un mover de Dios.

Dr. Dave Martin
Orador y autor de bestsellers
Detroit, Michigan

Cuando pensamos en hacedores de avivamiento, hay muchos nombres que vienen a la mente: Jimmy Swaggart, Oral Roberts, William J. Seymour, Aimee Semple-McPherson, A.A. Allen y muchos otros. Creo que podemos agregar a esa lista a un promotor de avivamiento moderno, uno que está lleno del fuego pentecostal y de una habilidad dada por Dios para percibir lo milagroso: Tony Suárez. Tony tiene un corazón sensible al avivamiento. Él ha visto el avivamiento de primera mano en toda la nación de Estados Unidos y en otras partes del mundo. Si alguna vez has asistido a una de sus reuniones, entonces sabrás de lo que estoy hablando. Si aún no lo has hecho, haz todo lo posible para asistir a una. A través de este libro, tendrás una idea de lo que es el avivamiento y comenzarás a creer en tu propio avivamiento. Como afirma Tony, será obvio para todos los que lean este libro que Dios no está buscando personas que persigan el avivamiento, más bien busca *¡hacedores de avivamiento!*

Gabriel Swaggart
Family Worship Center
Baton Rouge, Luisiana

Tony Suárez es uno de los más grandes evangelistas de nuestro tiempo. Él realmente ha sido ungido para hacer sonar la trompeta del avivamiento y levantar un remanente de creyentes bautizados por fuego para conquistar el mundo. Las naciones están siendo sacudidas en este momento, ¡pero hay una solución! La creación está gimiendo, pero hay un remedio. Este mundo en crisis ansía el surgimiento de un grupo de personas que proclamen «¡Cristo vive en mí!» y que realmente vivan de acuerdo con la realidad de que el Espíritu del Jesús resucitado vive dentro de ellas. Esto es lo que sana a los enfermos, libera a los oprimidos e, incluso, resucita a los muertos: un pueblo que reconoce que el Espíritu de Dios mora en ellos y está dispuesto a moverse en su poder ahora mismo.

JONATHAN MILLER
Pastor, iglesia New Beginnings Church
Orlando, Florida

El libro *Hacedores de avivamiento* es esa palabra actual que te inspirará y te impulsará a ser parte del mover de Dios que tanto ansía tu familia, tu ciudad y tu región. Así que prepárate, este libro no es para los débiles de corazón. Más bien, es un texto absolutamente imprescindible para aquellos que quieren ver el poder de Dios manifestarse hoy en día como lo hizo en el libro de los Hechos. Es una lectura obligada para el remanente radical que Dios está levantando: aquellos que están cansados del conformismo y las estratagemas, y están listos para ver a las naciones experimentar un avivamiento. El avivamiento que anhelas ver comienza contigo, ¡porque eres un hacedor de avivamiento!

KEVIN WALLACE
Pastor, iglesia Redemption for the Nations
Chattanooga, Tennessee

¡Hacedores de avivamiento! En lugar de perseguir el mover más reciente de Dios, ¿por qué no hacer que el avivamiento ocurra donde estamos? Esa es la tesis del nuevo libro de Tony. Es una exhortación apasionada de un verdadero avivador para que el pueblo de Dios deje de esperar que los sistemas, los gobiernos, los líderes u otros traigan una transformación social, y que seamos cada uno de nosotros los que provoquemos esa transformación. Tony sostiene que, si tan solo avivamos el don que hay en nosotros, tendremos el poder de cambiar el mundo ahora mismo. Después de todo, somos la Iglesia. ¿Y sabes qué? ¡Estoy de acuerdo con él!

DR. R. HEARD
Obispo, iglesia Inspire Church
Houston, Texas

Acabo de terminar de leer el último libro de Tony Suárez, *Hacedores de avivamiento*, y ¡mi espíritu se llena de expectativa! Al haber presenciado de cerca el proceso de maduración ministerial de Tony, he visto de primera mano cuánto él insiste en que la Iglesia experimente la plenitud del avivamiento. Tony está lleno del Espíritu Santo y es un embajador que predica sobre una unción que es a la vez de tiempos pasados, pero también fresca y nueva. ¡Sigue los pasos que él marca en este libro y también serás un hacedor de avivamiento!

DARRYL W. HOOPER
Pastor principal, The Church Covington
Covington, Georgia

Nunca ha habido un momento más oportuno en la historia para el mayor mover de Dios. En su libro *Hacedores de avivamiento*, Tony Suárez hace un fuerte llamado a la Iglesia para que sienta una ardiente pasión por toda la obra sobrenatural que Dios está realizando en la tierra. ¡El avivamiento es ahora!

JAMIE TUTTLE
Pastor, iglesia Dwelling Place Church
Cleveland, Tennessee

En un tiempo en que la iglesia ha sido probada, el libro *Hacedores de avivamiento* te animará y te recordará que las puertas del infierno no prevalecerán contra la Iglesia de Dios. Si te estás preguntando cuándo vendrá el avivamiento por el que hemos orado y nos hemos esforzado, este libro te inspirará a creer que el avivamiento no está por llegar, ¡el avivamiento ya está aquí! Dios ha llamado y ha comisionado a cada creyente para que sea un hacedor de avivamiento. ¡El nuevo libro de Tony te animará y te desafiará a cumplir con tu llamado!

Darryl Strawberry
Autor de bestsellers del *New York Times*

Tony Suárez ha entretejido meticulosamente su historia familiar, los avivamientos pasados y las manifestaciones modernas del mover del Espíritu Santo, creando un hermoso e inspirador tapiz titulado *Hacedores de avivamiento*. Estoy muy emocionado de que Tony haya adoptado el ministerio quíntuple; él personalmente está siendo testigo de los mismos milagros sobre los que ha escrito. Este libro es fácil de leer y ofrece instrucciones claras sobre cómo alcanzar la «gloria postrera».

Morton Bustard
Morton Bustard Ministries
Alexandria, Luisiana

Las tinieblas han ido en aumento y la densa oscuridad se ha manifestado en la cultura en la que vivimos. Sin embargo, ¡la gloria del Señor ahora está en medio de nosotros como una revolución espiritual que está surgiendo! En su nuevo libro ungido por Dios, *Hacedores de avivamiento*, Tony Suárez nos muestra, de manera brillante y profética, que el avivamiento no solo ya está aquí, sino que nosotros como cuerpo y como individuos somos parte del mover que Dios está llevando adelante ahora. Es una revolución de la luz, un derrocamiento intencional del reino de las tinieblas por medio del poder del Espíritu Santo. Este libro es indispensable para toda persona que haya estado deseando, ansiando, esperando y orando para que la gloria de Dios se manifieste. No más esperas: has sido elegido para ser un hacedor de avivamiento con el fin de demostrar el poder de Dios en toda la tierra. Descubre cómo ser usado por Dios de manera poderosa y cómo llevar su presencia a donde sea que vayas.

HANK Y BRENDA KUNNEMAN
Pastores, Lord of Hosts Church
/ One Voice Ministries
Omaha, Nebraska

Este libro es como una brisa fresca en contraste con la «religión tradicional» y es indispensable para el futuro de la Iglesia. En una extensa era de conferencias, cumbres y simposios, el reverendo Tony Suárez nos recuerda la necesidad permanente de avivamiento. Notablemente, enfatiza que el avivamiento no se trata solo de un acontecimiento. Basado en las Escrituras, su testimonio personal y su conocimiento espiritual, Suárez postula que el avivamiento comienza en la vida, en la adoración y en el servicio de los creyentes. Este mensaje es de «gran urgencia hoy en día» para el bien de la sociedad y para prepararnos para la vida venidera.

ANTIPAS L. HARRIS, PHD
Presidente, The Urban Renewal Center
Norfolk, Virginia

El libro Hacedores de avivamiento de Tony Suárez es una señal de alerta para que todo verdadero creyente se levante y responda al llamado supremo de estos tiempos: ¡ser llenos del poder del Espíritu Santo hasta rebosar para transformar el mundo! Su misión de capacitar y activar al cuerpo de Cristo liberará al lector de la religión muerta, de lo políticamente correcto y de las mentiras que prevalecen en esta era. Deja que este mensaje te desafíe, te inspire y te anime a deshacerte de las limitaciones del pasado. Nuestro Comandante en Jefe celestial está convocando a su poderoso ejército para transformar el mundo en esta hora crítica. ¡Es tiempo de levantarnos y tomar nuestros puestos!

ANA GIMÉNEZ
Obispo, Rock Church International
Virginia Beach, Virginia

¡El libro de Tony Suárez *Hacedores de avivamiento* está lleno del celo, del fuego y de la verdad que conducen al avivamiento! ¡Espero que este libro ayude a encender el fuego de la experiencia pentecostal en cada lugar de adoración, en cada hogar y hasta los confines de la tierra!

THETUS TENNEY
Alexandria, Luisiana

Hace años escuché una cita del fundador del Ejército de Salvación, William Booth que decía: «No estoy esperando un mover de Dios, YO SOY parte del mover de Dios». Al principio, eso me sonó un poco arrogante. Pero a medida que pasan los años entiendo más lo que quiso decir; ¡y ahora Tony Suárez ha escrito eso mismo en este libro!

Tony brinda una excelente descripción de la situación actual de la iglesia y hacia dónde avanza el mover de Dios. El capítulo 3 hace que valga la pena leer este libro entero. Históricamente, el obstáculo más común para un avivamiento y un despertar es exactamente lo que Tony escribió: «La religión restringe el avivamiento». ¡Debemos unirnos a lo que Dios está haciendo!

La declaración de William Booth ya no me molesta como antes. Creo que Tony encaja bien con esa descripción. Él ES parte del «mover de Dios» o, en otras palabras, es ¡un hacedor de avivamiento!

GENE BAILEY
Autor, *Flashpoint of Revival*

HACEDORES DE AVIVAMIENTO

HACEDORES DE AVIVAMIENTO

DEJE DE PERSEGUIR
UN MOVER DE DIOS...
¡Y SEA UNO!

TONY SUAREZ

DEDICATORIA

Este libro está dedicado a la mayor hacedora de avivamiento que conozco, mi madre, Anne Suárez. Ella es quien mantiene unida a nuestra familia. Cada vez que a mi padre se lo honraba por algo que había logrado en esta tierra, él siempre decía: «Esto es porque me casé con Anne».

Puedo decirles que todo lo bueno que he hecho o que haré en mi vida será gracias a Dios y a la increíble madre con la que él bendijo a nuestra familia.

Tanto en los juegos de béisbol como en los recitales de piano, nadie vitoreaba a su hijo con más fuerza que mi madre. En el cuarto de oración, nadie oraba con mayor intensidad por sus hijos que mi madre.

Ella me enseñó a orar, a estudiar y a preparar sermones. Hasta el día de hoy, ella sigue siendo la primera persona a la que llamo por teléfono cuando necesito oración.

Muchos la llaman su pastora o su madre en la fe; yo tengo el gran honor de decir: «Esa es mi madre».

DESTINY IMAGE® PUBLISHERS, INC.

Promoting Inspired Lives.

Este libro y todos los demás libros de Destiny Image y Destiny Image Fiction se encuentran disponibles en las librerías y en las distribuidoras cristianas de todo el mundo.

Para obtener más información sobre distribuidoras extranjeras, llamar al 717-532-3040.

Contacto de Internet: www.destinyimage.com.

ISBN 13 TP: 978-0-7684-6226-5

ISBN 13 eBook: 978-0-7684-6227-2

Para su distribución mundial, impreso en EE.UU.

1 2 3 4 5 6 7 8 / 26 25 24 23 22

CONTENIDO

PRÓLOGO

Dios está en el aquí y en el ahora. Él es el mismo ayer, hoy y siempre. En las páginas del libro de Tony Suárez, llenas de palabras apasionadas y proféticas, los lectores podrán ver la obra de Dios a lo largo de los siglos y cómo el poder milagroso de Dios es accesible hoy en día en su vida cotidiana.

Vivimos en una época en la que las pantallas digitales transmiten los acontecimientos mundiales en tiempo real: las guerras, las pandemias, el caos económico. A menudo, el continuo aluvión de noticias negativas nos abruma. A veces desearíamos volver a los tiempos más simples. Pero los «tiempos más simples» son mitos mentales. Siempre ha habido guerras, enfermedades y colapsos económicos a lo largo de la historia.

El mito mental de desear los «viejos tiempos» puede convertirse en una trampa. Moisés vio la gloria de Dios y su rostro resplandeció tan intensamente que tuvo que ponerse un velo. Pero más tarde, cubrió su rostro para que los israelitas no vieran que el resplandor se había extinguido (ver 2 Corintios 3:13).

Cuando anhelamos estar en los tiempos de Smith Wigglesworth y Amee Semple McPherson, cuando soñamos o fingimos estar en esos días de gloria, la trampa mental se convierte en insensatez. Bruce Springsteen capturó esta idea en su clásica canción *Glory days* [Días de gloria]: «Tratar de recuperar un poco de esa gloria», dice la letra, «te deja sin nada».

El apóstol Pablo expuso este tema en su carta a los corintios cuando dijo: «**No hacemos** como Moisés, quien se ponía un velo sobre el rostro para que los israelitas no vieran el fin del resplandor que se iba extinguiendo» (2 Corintios 3:13, énfasis añadido).

¿Por qué un cristiano querría vivir en el pasado, cuando Dios está aquí mismo, ahora mismo, ejerciendo su poder milagroso en favor de aquellos que lo aman y le sirven?

Un dicho popular de los «años de la gloria» del avivamiento pentecostal era el siguiente: «Nací en el fuego y no puedo soportar vivir en el humo».

Si las personas que estaban en ese avivamiento no podían soportar vivir solo en el humo, ¿cuánto más deberíamos evitarlo nosotros?

Pedro quería construir tres tabernáculos en el monte de la Transfiguración. El Señor dijo «¡No!» porque no puedes poner la gloria de Dios en una caja. Él no mora en tabernáculos hechos por el hombre, sino que vive en nosotros.

Podemos ser personas que persiguen el mover de Dios en alguna iglesia, ciudad o cruzada, o bien, podemos ser aquellos que provocan que el avivamiento estalle dondequiera que vayamos.

Podemos vivir de las historias de milagros de años pasados o podemos vivir en los días milagrosos profetizados por Joel, quien escribió: «Después de esto, derramaré mi Espíritu sobre todo el género humano» (Joel 2:28).

Podemos sentarnos en un sillón a mirar viejos videos de nuestros sermones favoritos o podemos ponernos de rodillas, confiar en la Palabra de Dios y ser testigos del mayor mover de Dios en la historia del mundo.

El apóstol Pablo nos desafía a ser quienes «con el rostro descubierto reflejamos como en un espejo la gloria del Señor», y a ser «transformados a su semejanza con más y más gloria por la acción del Señor, que es el Espíritu» (2 Corintios 3:18).

Pedro escribió que hemos nacido de nuevo y que hemos recibido una herencia indestructible e incontaminada, que no se marchita (ver 1 Pedro 1:4).

¿Por qué vivir en el pasado cuando la gloria de Dios está aquí hoy? Vivamos en una atmósfera de avivamiento. Llevemos el avivamiento a donde quiera que vayamos. Deja que este poderoso libro de Tony Suárez te lleve a experimentar la grandeza de Dios en tu vida aún más de lo que jamás creíste posible.

REVERENDO SAMUEL RODRÍGUEZ
Pastor principal, iglesia New Season Church
Presidente/CEO, National Hispanic Christian
Leadership Conference [Conferencia nacional
hispánica de liderago cristiano]
Autor de bestsellers
Productor de cine

INTRODUCCIÓN

por Rod Parsley

La razón por la que muchos en el cuerpo de Cristo se sienten tan incómodos con el término avivamiento es porque no están tan familiarizados con lo realmente significa. Algunos ciertamente nunca han sido testigos de un avivamiento genuino ordenado por Dios e impulsado por el Espíritu Santo que transforme la cultura de nuestro país. No es de extrañar que el cuerpo de Cristo aquí en Estados Unidos no sepa cómo es un avivamiento o cómo reconocerlo cuando llega.

Quisiera definir el significado de avivamiento. Un avivamiento se produce cuando la Iglesia, el cuerpo de Cristo, el grupo de creyentes nacidos de nuevo, se pone a cuentas con Dios. El arrepentimiento es el lenguaje del avivamiento y, de hecho, es el ingrediente esencial porque el avivamiento comienza en la casa de Dios. Para que algo sea avivado, primero tiene que estar vivo. El avivamiento es el paso previo necesario para que ocurra un despertar que sacuda la cultura, que cambie la situación moral de nuestras ciudades y cuyo impacto repercuta en todo el espectro social de una región, de una nación o del mundo.

Mi amigo, el pastor Tony Suárez, no es ajeno al avivamiento. Ha vivido en el avivamiento, lo ha respirado, lo ha demostrado, ha orado por él y lo ha experimentado toda su vida. Él sabe cómo es un avivamiento y lo que puede causar. También sabe cuándo hay ausencia de un avivamiento y hasta qué punto gran parte de la Iglesia se ha debilitado como resultado de no tener hambre y sed de un avivamiento. Él entiende que no se trata de un acontecimiento o de una actividad, sino, más bien, de un estilo de vida y que es el resultado cotidiano del obrar del Espíritu Santo en medio de su pueblo y a través de él.

Durante demasiado tiempo, muchos cristianos se han conformado con una iglesia tradicional. Mientras tanto, los hospitales están llenos y los edificios de las iglesias están vacíos; las tabernas están abiertas y las iglesias están cerradas. Las personas que tienen fe en Dios son denigradas, mientras que las personas que no tienen fe en nada más que en sí mismas son ensalzadas.

El pastor Suárez reconoce esto y ha hecho un llamado claro y firme, no solo para que asintamos y estemos de acuerdo, sino para que entremos en acción. Todo creyente puede y debe responder. Ya es hora, y la necesidad es mayor que nunca. Hay multitudes en el valle de la decisión y necesitan una guía que no sea de este mundo que los ayude a encontrar la manera de salir de los dilemas que enfrentan. Las respuestas no vendrán de la derecha ni de la izquierda, de dogmas religiosos desgastados ni de las tendencias nihilistas del «todo vale». Dios ya ha proporcionado la respuesta: una gran multitud de hombres y mujeres que no tienen miedo y no se avergüenzan de mostrar su dedicación a Dios y a su prójimo mediante actos intrépidos de coraje y amor.

El libro *Hacedores de avivamiento* es un irrefutable llamado a la acción. ¡Hombres y mujeres de Dios, levántense, den un paso al frente y vayan a hacer una diferencia en el mundo para esta hora y para la eternidad!

UN MOMENTO LO CAMBIA TODO

Innumerables veces en las Escrituras leemos historias sobre un momento en que la trayectoria de una vida cambia, ya sea a través de una palabra o de una circunstancia; y el resto es historia.

Ejemplos de esto son: Abram cuando hospedó a Dios y a sus ángeles, Moisés y la zarza ardiente, Gedeón, Jonás, los padres de Juan el Bautista, María y José; en todos estos casos una palabra o un suceso lo cambió todo.

Yo tuve uno de esos momentos, y en realidad no fue hace mucho tiempo. A principios de 2021, estaba predicando en la iglesia Fresh Start Church en Phoenix, Arizona. Para dar más detalles del contexto, aclaro que no estaba familiarizado con este ministerio antes de la invitación que recibí. Aceptamos la invitación, acordamos una fecha y, de hecho, ya no pensé en ese evento hasta la semana anterior a la fecha en que se suponía que debía ministrar allí. Esa semana escuché a Dios hablarle a mi corazón. Era una palabra clara, aunque no tenía ni idea de lo que me esperaba. Dios me dijo que, aunque él me usaría para ministrar a su pueblo, la invitación no era tanto para ellos como para mí. Me dijo que iba a hacer algo en mí y que me mostraría algo que nunca había visto antes.

> Cuando Dios me dijo que tenía algo nuevo, ni siquiera podía imaginar lo que sería.

Quiero dejar en claro que soy un pentecostal de tercera generación que tiene una rica herencia que me enorgullece y por la cual estoy agradecido. Me crie en encuentros de avivamiento de fin de semana, en campañas y demás. Las reuniones de oración y las vigilias son tan normales para mí como cualquier otra cosa en el cristianismo. Desde niño, he tenido la fortuna de estar en cultos donde el poder de Dios se manifestó, innumerables milagros tuvieron lugar y muchas almas fueron salvadas. Por lo tanto, cuando Dios me dijo que tenía algo nuevo, ni siquiera podía imaginar lo que sería.

Todo me quedó claro cuando el pastor Paul Owens me presentó y me invitó al púlpito esa primera noche. Apenas podía pararme o hablar. Inmediatamente me sentí abrumado por un intenso toque de Dios, el más grande que había experimentado en mi vida. He estado en muchas grandes manifestaciones del mover de Dios, pero nada como eso. Era fuerte, glorioso y real; era lo que había estado anhelando y buscando toda mi vida. Entonces vino a mí la segunda palabra del Señor: *«¡Esto es lo que prometí!»*. Esto es de lo que habló el profeta Joel y lo que la Iglesia ha estado anhelando, orando y buscando desde el segundo capítulo del libro de los Hechos. Esto era más que un toque; era el poder manifiesto del Espíritu Santo como siempre había soñado que sería cuando Él viniera en su plenitud.

> «No necesito personas que persigan el avivamiento, necesito hacedores de avivamiento».

Me tomó bastante tiempo recuperar la compostura y poder predicar. Me trajeron una silla para sentarme porque estaba tan lleno del Espíritu que apenas podía mantenerme en pie. Comencé a predicar, y Dios interrumpió mi sermón con la tercera palabra que me transformaría. Justo en medio de mi sermón, Dios habló a través de mí y dijo: «No necesito personas que persigan el avivamiento, necesito hacedores de avivamiento».

Así sucedió. Ese fue el momento en que nació este libro. Ese fue el momento y la palabra que cambiaron todo en mí. Nunca he sido el mismo ni volveré a ser quien era. He sido llamado a ser un hacedor de avivamiento, y tú también. No esperamos que nadie más traiga un mover de Dios a nuestra nación, a nuestro territorio o a nuestra ciudad; no dependemos de la vida de oración ni de la relación con Dios de otra persona. ¡En nosotros se cumple lo que dice Marcos 16! Señales y maravillas nos siguen, los demonios huyen de nosotros y Dios nos ha ungido para ser sus manos y sus pies. Ya no busco saber dónde se ha originado un avivamiento y luego lo persigo para ver si puedo recibir un poco de la gloria. Quiero generar un avivamiento dondequiera que yo esté y lograr que otros se involucren. Estoy plenamente convencido de que «*es más poderoso el que está en [mí]*». Por lo tanto, «Él a través de mí» manifiesta el avivamiento dondequiera que yo vaya.

La Iglesia ha perseguido el avivamiento durante siglos: Desde Topeka hasta Azusa; desde Toronto hasta Brownsville; en las grandes reuniones de

Rhema en Tulsa; desde Oklahoma hasta Columbus; en Ohio y en las campañas «Dominion». Cada vez que hubo una gran ola de avivamiento, las multitudes acudieron en masa para experimentar la gloria del Señor. Desde Jack Coe hasta A.A. Allen, Oral Roberts y Benny Hinn, no había estadios ni tiendas de campaña que pudieran albergar la enorme cantidad de personas que iban detrás de los evangelistas en busca de lo milagroso.

El avivamiento de los últimos tiempos no es algo que debamos perseguir, yendo de ciudad en ciudad ni siguiendo a un predicador o a otro. Es algo que debe manifestarse en cada iglesia, en cada ciudad y en cada creyente. Necesitamos un cuerpo de hacedores de avivamiento que vivan lo que dice Marcos 16:17-18:

> Estas señales acompañarán a los que crean: en mi nombre expulsarán demonios; hablarán en nuevas lenguas; tomarán en sus manos serpientes; y, cuando beban algo venenoso, no les hará daño alguno; pondrán las manos sobre los enfermos, y estos recobrarán la salud.

Según mi interpretación de Marcos 16, nosotros no perseguimos las señales y las maravillas, sino que las señales y las maravillas nos siguen a nosotros. La iglesia primitiva evangelizó el mundo conocido porque cada creyente estaba facultado para ser un hacedor de avivamiento. Los apóstoles podían operar en cualquiera de los dones del espíritu que fuera necesario en un momento específico. Esta forma de obrar del Espíritu se transmitía al creyente común para que, como Pablo lo describió, predicaran con «demostración del poder del Espíritu». Predicaban de Jesús tanto en celdas de prisión como en palacios, debatían con la comunidad religiosa y demostraban el poder de Dios en sus ciudades con la intención de que todos creyeran. Ellos fueron los primeros hacedores de avivamiento, desde los más pobres hasta los más ricos de la sociedad.

> Este avivamiento de los últimos tiempos no es algo que debamos perseguir, yendo de ciudad en ciudad ni siguiendo a un predicador o a otro.

El estado de nuestro mundo requiere un cuerpo audaz de creyentes que se mantengan firmes en la fe y se conviertan en hacedores de avivamiento al demostrar el poder de Dios para cada necesidad que se presente. Se necesitan creyentes con fe para orar por los enfermos en sus oficinas y atar a los espíritus que oprimen sus ciudades, creyentes que sean lo suficientemente audaces como para defender lo que es verdadero y correcto cuando los gobernantes malvados tratan de reprimir nuestra fe, pero que, a la vez, sean accesibles y amables para que todos se sientan bienvenidos a unirse a la familia de Dios.

Como mencioné anteriormente, soy un predicador pentecostal de tercera generación. El lado paterno de mi familia proviene de Colombia, que experimentó un gran avivamiento directamente relacionado con Azusa a principios del siglo XX. La conversión de mi familia fue sobrenatural. Mi abuelo recibió un Nuevo Testamento de un misionero llamado Joseph Knapps que fue enviado a Colombia por la Iglesia cuadrangular. El tiempo de estadía del hermano Knapps en Barranca Bermeja (la ciudad de origen de nuestra familia) fue breve, pero fue suficiente como para despertar una pasión en el corazón de mi abuelo por la Palabra de Dios. Mi abuelo pasó tiempo leyendo su nueva Biblia junto con su esposa e hijos. El evangelio relatado por Mateo, Marcos, Lucas y Juan los cautivó, pero fue el libro de los Hechos lo que los transformó para siempre. Ese fue su momento. Mi abuelo leyó el primer capítulo donde Jesús les dijo a sus discípulos que se quedaran en Jerusalén esperando la promesa del Padre. Las historias de la Iglesia del primer siglo se asemejan a las de mi familia: en ambos casos ellos creían en la promesa del Padre y la esperaban, pero no tenían ni idea de cómo se manifestaría exactamente esa promesa; sin embargo, si Dios lo había prometido, ellos lo querían.

Mi abuelo, Heli Suárez, decidió que, si querían lo que la Iglesia del primer siglo había recibido, entonces tendrían que seguir sus pasos. Así que mi abuelo llevó al campo a su familia y a algunos vecinos que estaban tan hambrientos de Dios como ellos, y allí acamparon en una colina donde oraron y ayunaron para recibir la promesa del Padre. Fue en esa colina, en las afueras de Barranca Bermeja, Colombia, que un ángel se le apareció a mi tío Rafael, quien tenía ocho años en ese momento. El ángel le dijo a mi tío a dónde debía ir mi abuelo para recibir más enseñanzas. El ángel le dijo el nombre de la ciudad (Bucaramanga), así como el nombre y el número de la calle. Dijo que Dios tenía un siervo allí que le explicaría el resto.

> Si Dios lo había prometido, ellos lo querían.

La mayor parte de América Latina tiene fuertes raíces católicas, ya sean practicantes o no; por lo tanto, la mayoría de las personas han sido expuestas al cristianismo en alguna medida. Pero los sucesos sobrenaturales, como ver ángeles, no son para nada comunes. Estoy seguro de que mi abuelo debió tener mucha fe para creer que mi tío había visto algo y, más aún, para luego seguir las instrucciones de un niño de ocho años que afirmaba haber tenido una conversación con un ángel. Ese paso de fe, ese momento, transformó a nuestra familia para siempre. Hicieron el viaje de varias horas a la ciudad de Bucaramanga y encontraron el nombre y el número de la calle. Al llamar a la puerta, un misionero inglés, que había dejado Gran Bretaña para predicar el mensaje del Espíritu Santo en Colombia, abrió la puerta y dijo: «Dios me dijo que vendrían». Inmediatamente les predicó el mensaje del evangelio, así como el mensaje de Pentecostés a mi familia, y al imponerles las manos, ellos también recibieron la promesa del Padre evidenciada al hablar en lenguas. Desde allí, mi abuelo viajó de regreso a Barranca Bermeja y predicó el evangelio y el mensaje de Pentecostés al resto de la familia y a la comunidad.

Cuando me preguntan a qué instituto bíblico asistí, respondo a modo de broma: «La mesa de mi casa». Al parecer, todos en nuestra familia estaban en el ministerio. Mi abuela era conocida por ser expulsada de los autobuses en Colombia porque caminaba por el pasillo del autobús predicando y diciendo: «¡Arrepiéntanse, generación de víboras!».

Mi abuelo no se guardó el mensaje de Jesús para él solo y para su familia, sino que lo compartió con sus vecinos. Los Suárez eran conocidos de manera burlona como «los Aleluyas». Todos sabían que, si se acercaban a nosotros, iban a escuchar acerca de Jesús y del mensaje de Pentecostés.

Mi padre partió a la presencia del Señor hace siete años. Tras su fallecimiento, llegaron miles de homenajes de todo el mundo. Una carta en particular me llamó la atención. Era de un hombre que ahora es pastor de una gran congregación en Colombia. En su carta decía que mi padre lo había ganado para el Señor cuando ambos eran adolescentes. El hombre dijo que era un adolescente descarriado que luchaba con el alcohol. Mi padre insistió en hablarle de Jesús y no aceptó un «no» por respuesta; tanto es así, que mi padre comenzó a visitar el bar donde este joven iba a emborracharse. Dijo que mi padre pedía Coca-Cola, y que se hizo conocido en el bar como «Hermano Coca-Cola». El hombre finalmente cedió y mi padre lo convenció de entregar su vida al Señor. Este es mi padre y mi herencia; ningún precio es demasiado alto; ningún esfuerzo es demasiado arduo. Nacimos para predicar el evangelio.

Mi madre provenía de una familia católica devota que realmente veneraba y amaba al Señor.

En su adolescencia fue invitada a una iglesia pentecostal donde fue bautizada en el Espíritu Santo y se le enseñó acerca de Pentecostés. De un momento a otro el rumbo de su vida cambió rotundamente. Trabajó, ahorró dinero y se fue a estudiar a un verdadero instituto bíblico en Minnesota, ¡no a la mesa de mi casa! Fue llamada al ministerio, pero no estuvo segura de cuál era su misión hasta que ese mismo misionero de Colombia que había predicado sobre Pentecostés a la familia Suárez asistió como profesor invitado al instituto bíblico donde ella estudiaba. Su corazón fue tocado y su momento/su palabra de Dios llegó. Aprendió español y se fue a servir como ayudante de un misionero en Colombia.

Podría escribir un libro tan solo sobre los milagros e historias que nuestra familia ha experimentado al caminar con Jesús y servirle, pero no comenzaste a leer *Hacedores de avivamiento* para conocer mi biografía. Cuento todas estas cosas como una manera de celebrar mi herencia. Estoy agradecido de que Dios me haya colocado en esta familia, pero también reconozco con humildad que, si bien yo tenía sus historias, sus testimonios y la herencia de su unción, necesitaba mi propio momento y mi propia palabra. Eso sí, creo que en la vida de todos habrá muchos momentos que los marcarán. Moisés tuvo muchos más encuentros con Dios además del de la zarza ardiente.

Trato de no participar en los «ataques a la Iglesia» simplemente porque hay muchos críticos de la Iglesia. No podría enumerar cuántos mensajes he escuchado que comienzan con la frase «El problema de la Iglesia es...». Crecí en la Iglesia y estoy muy consciente de sus defectos; no obstante, amo a la Iglesia. Dicho esto, una de las cosas que me preocupan de la Iglesia moderna es que nos conformamos con vivir de los milagros del pasado. Parece que los relatos del mover de Dios en el pasado son suficientes. Contamos los testimonios de esos días y nos sentimos satisfechos con lo que Dios hizo. Mi problema es que cada testimonio, cada historia me genera hambre. Me llenan de lo que yo llamo un celo santo. No quiero solo recordar lo que Dios hizo; quiero verlo obrar ahora. ¡Él *es* el Dios de ayer, de hoy y de siempre! No me satisface solo escuchar historias de lo que Él hizo. ¡Quiero verlo hoy! ¡Quiero que mis nietos lo vean mañana!

> No quiero solo recordar lo que Dios hizo; quiero verlo obrar ahora.

Ese momento especial que Dios me dio en Phoenix realmente encendió en mí el fuego que necesito para mantenerme firme en el llamado al que dedicaré mi vida hasta que suene la trompeta o parta a la presencia del Señor. Mi único propósito, ya sea como evangelista o como pastor, es ser un remanente de Pentecostés para mi generación. Voy a ser un hacedor de avivamiento. En lugar de quejarme de aquellos que se han alejado o han intentado cambiar a la Iglesia, voy a ser un remanente del avivamiento del pasado y demostrar el poder de Dios a mi generación.

En este libro intento compartir los requisitos que, en mi opinión, son necesarios para ser un hacedor de avivamiento. Creo que se aplican a cualquier iglesia, denominación o comunidad cristiana.

CAPÍTULO 2

EL AVIVAMIENTO ES AHORA

Una de las voces y de los mentores más influyentes en mi vida es un hombre llamado Morton Bustard. Lo escuché hablar por primera vez a los 17 años de edad en una iglesia en el centro de Illinois. Era la primera vez que experimentaba y presenciaba los dones del Espíritu en pleno funcionamiento. Quedé cautivado. Quería saber lo que él había escuchado y cómo lo había escuchado. En aquellos días compraba todos los casetes que podía conseguir sobre sus sermones, y si él estaba a poca distancia en automóvil, yo asistía a sus cultos, tenía hambre. A los pocos años, comenzó a darme palabra para mi vida, y lo ha hecho desde entonces. Hay un sermón en particular que predicó en 1999 en una conferencia de ministros llamada «Earth Angels» [Ángeles de la tierra] que tuvo un impacto en mí. La siguiente es una transcripción de una porción de ese sermón:

En 1885, una ciudad fue tan transformada después de que Maria Woodworth-Etter trajera un avivamiento allí, que la policía no tenía absolutamente nada que hacer.

Amy Semple McPherson condujo su «coche del evangelio» hasta Indianápolis, Indiana, cuando la ciudad estaba bajo cuarentena debido a un brote de influenza. La noche que ella llegó a la ciudad, la cuarentena terminó.

John G. Lake: según las estadísticas del gobierno entre los años 1915 y 1920, Spokane, Washington, era la ciudad más saludable del mundo. El alcalde de Spokane celebró una conmemoración pública para honrar sus esfuerzos.

En septiembre de 1904, Evan Roberts escuchó a un evangelista llamado Seth Joshua suplicar a Dios: «¡Quebrántanos! ¡Quebrántanos!». Este joven se fue e hizo esa misma oración: «¡Quebrántame! ¡Quebrántame!». Luego comenzó a orar por 100 000 personas en Gales, y ese avivamiento fue tan grande que transformó a los mineros, hombres robustos pero profanos, quienes solían maldecir a las mulas mientras tiraban de los tranvías en las minas. Las mulas estaban tan entrenadas a responder ante los insultos que cuando esos hombres regresaron al sitio donde las reuniones se celebraban y recibieron un toque de Dios en sus corazones, las mulas tuvieron que ser reentrenadas.

Smith Wigglesworth le dijo a Lester Sumrall: «No podré ver el mayor movimiento de Dios conocido por la humanidad, pero tú lo verás, Lester».

Lester Sumrall dijo: «A principios de este siglo se produjo el avivamiento de Topeka, Kansas, y de la calle Azusa, pero eso no fue todo». En los años 50 y 60 hubo grandes cruzadas en tiendas de campaña donde las ambulancias se vaciaban, hospitales enteros quedaban sin pacientes, pero Lester dijo: «¡Eso no es todo!». En la década de 1970 tuvo lugar la renovación carismática y Lester Sumrall dijo: «Eso fue bueno, ¡pero hay más por venir!». ¡Lo que está sucediendo en el mundo hoy en día es sin duda el comienzo del mayor mover de Dios conocido por la humanidad!

Estoy de acuerdo con Smith Wigglesworth. Estoy de acuerdo con Lester Sumrall, y mi fe se encendió a causa del mensaje de Morton Bustard en 1999. Estamos viviendo en los días de los que habló el profeta Joel.

Estos son los días con los que nuestros antepasados soñaban y por los que oraban. Cada sermón en el que escuchaste al orador decir: «Un día Dios hará tal o cual cosa», ¡se refería al día de *hoy!*

Jesús regresará pronto y su Iglesia no será la sombra de lo que alguna vez fue. Finalmente habrá roto su cascarón y se habrá convertido en lo que Él siempre quiso que fuera, ¡una Iglesia victoriosa, triunfante, santa, ungida y poderosa!

> Estos son los días con los que nuestros antepasados soñaban y por los que oraban.

Nuestro pasado sirve como el fundamento sobre el cual podemos edificar; por lo tanto, permítanme analizar en detalle algunos de los ejemplos dados por Morton Bustard y ver cómo se aplican hoy en día a un hacedor de avivamiento.

En 1885, una ciudad fue tan transformada después de que Maria Woodworth-Etter trajera un avivamiento allí, que la policía no tenía absolutamente nada que hacer.

Mientras lees esto, recuerda las marchas a favor del recorte de fondos para los departamentos de policía, la interminable ola de crímenes que azota nuestras principales ciudades, la crisis de adicción de nuestro tiempo, así como el terrorismo, el racismo y más.

La respuesta a nuestros problemas no es tener una conferencia más. ¡Necesitamos el avivamiento del Espíritu Santo! El tipo de avivamiento que trae arrepentimiento y reconciliación. ¿Te imaginas un mover de Dios tan impactante, de tan largo alcance que no hubiera venta de drogas ilegales, ni tensión racial, que no entraran a las casas para robar ni hurtaran coches? ¡Ha sucedido antes! ¡He leído sobre avivamientos pasados que impactaron a las comunidades a tal punto que todos en la comunidad dejaron de beber alcohol! ¡Los bares cerraron porque la gente solo bebía del «vino nuevo»!

Al fin y al cabo, la guerra contra las drogas ha fracasado hasta el punto en que ahora vemos a los gobiernos legalizar el uso de drogas o sustancias que alguna vez se consideraron dañinas. Tengo mucho que decir sobre la gran Aimee Semple McPherson más adelante, pero quiero agregar algo sobre ella aquí también. La hermana Aimee fue una de las primeras en llevar a la práctica la integración racial en sus cultos, ya sea en una tienda de campaña o en el edificio de la iglesia. En una ocasión, algunos miembros del notorio Ku Klux Klan asistieron a uno de sus cultos con la intención de desafiar su mensaje de integración racial y con planes de tomar represalias, pero después del culto se encontraron sus capuchas y túnicas afuera, tiradas en el suelo. *¡Hazlo de nuevo, Señor!*

No todas las guerras se pueden ganar en los recintos gubernamentales o en el campo de batalla de los hombres, no cuando la guerra es espiritual. Estas batallas deben ganarse a través de la intercesión y del avivamiento. ¡La solución al racismo, la adicción y el crimen es Jesús! Le estoy pidiendo a Dios que lo haga de nuevo, un avivamiento tan grande que la policía informe que el crimen ha disminuido porque Jesús ha sido exaltado. Si el pastor Samuel Rodríguez estuviera hablando sobre este tema, nos

> No todas las guerras se pueden ganar en los recintos gubernamentales o en el campo de batalla de los hombres, no cuando la guerra es espiritual.

recordaría: «¡Nuestra esperanza no está en el elefante ni en el burro, nuestra esperanza está en *el Cordero!*». Los problemas de nuestros días no tienen soluciones políticas; de ser así, estaríamos viviendo una realidad diferente en este momento. ¡Debemos doblar nuestras rodillas, usar las armas de nuestra milicia para derribar fortalezas y poner la mira en el único que nunca ha perdido una batalla!

Amy Semple McPherson condujo su «coche del evangelio» hasta Indianápolis, Indiana, cuando la ciudad estaba bajo cuarentena debido a un brote de influenza. La noche que ella llegó a la ciudad, la cuarentena terminó.

Al momento de escribir *Hacedores de avivamiento*, esta historia es de particular interés para mí.

Hemos vivido uno de los momentos más interesantes en la historia moderna. Sé paciente conmigo, porque voy a detenerme aquí por un momento, y puede que parezca que este es un capítulo (o libro) en sí mismo.

La historia nos muestra que el ministerio de sanación de la hermana Aimee (como se la conocía cariñosamente) estaba en pleno apogeo cuando la gripe española de 1918 asoló el mundo. En lugar de cerrar el ministerio, ella siguió adelante en obediencia al llamado del Señor. Ella no dejó de realizar cultos incluso después de que tanto ella como sus hijos se contagiaran de la gripe española.

En su libro *Aimee: The Life Story of Aimee Semple McPherson* [Aimee: La historia de vida de Aimee Semple McPherson], ella relata cómo continuó predicando incluso cuando atravesaba la enfermedad:

> El sábado por la noche, me sentí afectada por la devastadora enfermedad. De alguna manera logré ministrar en el culto. El domingo, aunque prediqué en los cultos, me fui con escalofríos violentos y fiebre. El lunes por la mañana me sobrecogió un dolor tan intenso que tuve que hacer un gran esfuerzo para sentarme en la cama y poder peinarme para el culto matutino. Cada momento era una agonía. (...) Me vi obligada a sostenerme firmemente del púlpito para estabilizarme y evitar caerme. (...) No obstante, pensé que cada una de las personas presentes en aquella multitud llena de expectativas era un hombre o una mujer cuya alma enfrentaba una decisión eterna con consecuencias

inmediatas. ¡Debía continuar! ¡No podía fallarles! (...) Esa era mi misión.[1]

Poco después de esto, Aimee llevó a cabo su famoso viaje desde la costa este hasta la costa oeste en lo que se conoce como el «coche del evangelio». La ciudad de Indianápolis todavía estaba luchando contra la enfermedad. Mientras conducía su automóvil, es como si Dios expulsara la influenza. ¿Dónde está ese tipo de fe hoy en día?

Los últimos años me han llevado a un proceso en el que tuve que conciliar mi fe en Cristo con mi admiración y mi vínculo con ciertos pastores. Desafortunadamente, esta temporada ha develado que algunos predicaban sobre una fe que no tenían. Algunos hombres y mujeres a los que yo respetaba se acobardaron por temor, lo cual hizo que me sintiera decaído, no a causa de un virus sino de tristeza. ¿A dónde se ha ido nuestra fe? ¿No creemos que Jesús todavía sana? Necesitamos fe y audacia al estilo de Aimee Semple McPherson ya, ¡yo diría ahora más que nunca!

> Algunos predicaban sobre una fe que no tenían.

Otra lección que Morton Bustard me enseñó a lo largo de los años fue a ser un «profeta pragmático». En otras palabras, ¡ser real! Uno puede actuar con precaución y prudencia para evitar contaminarse o contaminar a otros, pero esto debe equilibrarse con la responsabilidad y el mandato que tenemos de predicar y demostrar el evangelio y el poder de Dios.

Sabemos que la Iglesia ha sido infectada de temor en los últimos años. Algunas todavía lo están. Una frase que he escuchado reiteradas veces, que perturbó mi espíritu, es esta: «Nunca hemos experimentado algo así».

Para ser justos, recuerdo haber pensado lo mismo el 15 de marzo de 2020. Pero entonces Dios interrumpió mi patrón de pensamiento y me dijo: «¡¿En serio?! ¿Tú, que has pasado por el valle de sombra de muerte y por la incertidumbre, nunca has experimentado algo así?». Considera la historia de la humanidad solo durante el siglo XX. Esta era es conocida por algunos como la era dorada de la humanidad. Hubo más avances en tecnología, ciencia y demás en el transcurso de una generación que en cualquier otro momento de la historia humana. Fue el mejor de los tiempos; sin embargo, fue el peor de los tiempos, ¡como dice una frase de Charles Dickens!

El siglo XX comenzó sin mucho de lo que pronto se convertiría en la norma para la humanidad. Muchas ideas y conceptos se volvieron una realidad para nuestras vidas. Los automóviles se habían inventado a finales de 1800, pero no se produjeron en masa para el público hasta 1908. El hombre siempre había soñado con volar, pero siempre fracasó hasta que el exitoso vuelo de los hermanos Wright cambió nuestras vidas para siempre. El vasto mundo se volvió más cercano que nunca. Los submarinos nos llevaron a las profundidades del océano y los cohetes llevaron a los humanos al espacio.

La radio se convirtió en el principal medio de comunicación masiva. Los teléfonos pasaron a formar parte de todos los hogares, y el 11 de marzo de 1945 se construyó la primera computadora. Pronto los días del telegrama y de Pony Express se convirtieron en meros recuerdos.

Luego llegaron los avances en medicina. Antes de que Alexander Fleming descubriera la penicilina en 1928, casi cualquier pequeño microbio que alguien pudiera contraer era potencialmente fatal.

Aparecieron cosas como la televisión, las películas e Internet. El suministro de agua pura y el tratamiento efectivo de las aguas residuales, la electrificación de las ciudades y las regiones, y el desarrollo de la infraestructura moderna y de los sistemas de carreteras nos convirtieron en el mundo que somos hoy. Estos fueron días grandiosos, pero en medio de la gloria y la grandeza, fuimos asediados

> Estos fueron días grandiosos, pero en medio de la gloria y la grandeza, fuimos asediados por la enfermedad, la guerra y los problemas económicos.

por la enfermedad, la guerra y los problemas económicos.

Si hubieras nacido cerca del cambio de siglo, considera lo siguiente: para 1906 el mundo había experimentado el peor terremoto conocido en la historia. De 1914 a 1918 ocurrió la Primera Guerra Mundial, la que causó de 20 a 40 millones de muertes, entre los que fallecieron 116 516 estadounidenses y de 6 a 9 millones de soldados de todo el mundo.

En 1918 estábamos lidiando con la gripe española. Se estima que alrededor de 500 millones de personas, o un tercio de la población mundial, se infectó con este virus. El número de muertes estimado fue de al menos 50 millones en todo el mundo (alrededor de 675 000 en los Estados Unidos).

Al terminar la gran pandemia entramos en los locos años 20. Las cosas estaban mejorando, la economía estaba en auge; sin embargo, Estados Unidos estaba en medio de un violento choque entre el crimen y la policía debido a la prohibición. Podría decirse que se originó el crimen organizado o que al menos tomó protagonismo, y miles de personas fueron víctimas de él durante este período.

Como si esto fuera poco, el 24 de octubre de 1929, también conocido como el Jueves Negro, seguido del Martes Negro del 29 de octubre, llevaron a la economía a una caída en picada y a diez años de escasez y pérdida conocidos como la Gran Depresión. En 1932, el 20 por ciento de la población de los Estados Unidos estaba desempleada.

Los estadounidenses perseveraron y las cosas comenzaron a cambiar. Los ciudadanos de este país eligieron a Franklin Roosevelt como presidente, quien en su discurso inaugural en 1933 alentó a la nación a salir de la Depresión diciendo: «Lo único a lo que debemos temerle es al temor en sí mismo». Si bien la economía comenzó a repuntar, las dificultades de la época de la Depresión ya habían afectado al mundo, trayendo como consecuencia un mayor extremismo político. El ejemplo más conocido de esto fue el partido nazi liderado por Adolf Hitler de Alemania. Fue como si los estadounidenses hubieran salido de la Gran Depresión, hubiesen descansado y tomado un respiro por dos años, para luego, en diciembre de 1941, recibir el ataque a Pearl Harbor que los empujó a la Segunda Guerra Mundial. Esta guerra es conocida como la guerra más mortífera de la historia de la *humanidad*. El tres por ciento de la población mundial de ese entonces pereció. Estamos hablando de entre 60 y 75 millones de personas (entre ellas, 419 000 soldados estadounidenses).

Una vez más, si hubieras nacido cerca del cambio de siglo, recuerda y considera lo siguiente: ya habrías padecido el peor terremoto registrado, la prohibición, dos guerras mundiales, una pandemia y la peor crisis económica de la historia, ¡y solo tendrías poco más de 40 años!

Casi inmediatamente después de la Segunda Guerra Mundial entramos en lo que se conoce como la Guerra Fría, y la ideología del mundo cambió aún más. Comenzó una carrera armamentista que algunos dirían que nunca se ha detenido por completo. Simultáneamente, de 1950 a 1953, se desató un nuevo conflicto, la guerra de Corea, donde murieron un total de 5 millones de personas, incluidos de 36 000 a 40 000 estadounidenses. Sin embargo, algunos la llaman «la guerra olvidada» debido a la poca atención que recibió en comparación con las guerras mundiales de las décadas anteriores.

Salimos de la guerra en Corea para encontrarnos al borde de la guerra nuclear con Rusia mientras nos defendíamos de un dictador malvado en el Caribe llamado Fidel Castro. Con la invasión de Bahía de

Cochinos, la crisis de los misiles cubanos y las idas y vueltas entre Kennedy y Castro, la guerra nuclear parecía inminente. Los niños de Estados Unidos practicaban simulacros de bomba, preparándose para lo que parecía el día del juicio final, pero afortunadamente nunca llegó.

Aunque Estados Unidos no participó oficialmente en la guerra de Vietnam hasta 1965, la verdad es que en julio de 1959 los primeros soldados estadounidenses fueron asesinados en Vietnam del Sur cuando los guerrilleros asaltaron sus cuarteles cerca de Saigón. El 8 de marzo de 1965, las primeras tropas de combate estadounidenses desembarcaron en China Beach, al norte de Da Nang. Esta guerra se extendería hasta los años 70, dando como resultado entre 1.3 y 3.1 millones de muertes totales, dependiendo del registro que se consulte.

Prometo que mi lección de historia está casi por terminar y hay un motivo por el cual traigo a la memoria estos hechos del pasado.

En nuestro país, el pecado del racismo y la vergüenza de la era de Jim Crow estaban siendo confrontados, lo que llevó al Movimiento por los Derechos Civiles a alcanzar la mayor esperanza de igualdad desde el fin de la esclavitud. Aunque fuera demasiado tarde y nunca fuera suficiente, el cambio y la esperanza se podían notar. El pecado del odio había quedado al descubierto con los asesinatos de John F. Kennedy, Martin Luther King hijo y Robert Kennedy.

A mediados de la década de 1970, la guerra de Vietnam finalmente había llegado a su fin y Estados Unidos se encontró en una crisis energética. También en esta época nuestro país cometió el error y el pecado más grave fuera del racismo: el derramamiento de sangre inocente —cuando de alguna manera legalizamos la práctica pecaminosa e inhumana de asesinar bebés: el aborto—.

En los años 80, una estrella de Hollywood que se convirtió en servidor público, llamado Ronald Reagan, comenzó a levantar el ánimo de los estadounidenses al proclamar que estaba amaneciendo nuevamente.

Una vez más, te pido que reflexiones sobre lo siguiente: si hubieras nacido a principios del siglo XX, ¿cómo habría sido tu vida en los años 80?

El período desde los años 80 hasta 1999 parece aburrido en comparación con la primera parte del siglo; sin embargo, estuvo lleno de nuevos desafíos: el SIDA, el escándalo Irán-Contra, la guerra contra las drogas, el comienzo de la agenda LGBT, y ¿quién podría olvidar el temor al problema del año 2000 (conocido como Y2K) o el impacto ante el ataque del 9/11? En las primeras dos décadas de este nuevo milenio hemos sido marcados por el terrorismo, la guerra y el avance de agendas impías como el matrimonio entre personas del mismo sexo. ¡Y ni siquiera tuve tiempo de mencionar otras epidemias y amenazas médicas como la poliomielitis, la tuberculosis, el H1N1, etcétera!

¡Estos últimos 122 años han sido años intensos y llenos de caos, lucha, odio y enfermedad! El siglo XX es considerado la era dorada por algunos, ¡pero mira lo que tuvimos que padecer!

> En las primeras dos décadas de este nuevo milenio hemos sido marcados por el terrorismo, la guerra y el avance de agendas impías como el matrimonio entre personas del mismo sexo.

Parece haber un elemento en común cada vez que surgen problemas: nos toman desprevenidos. Tenemos una memoria a corto plazo, atravesamos las situaciones y luego las olvidamos. Cuando surge la próxima crisis, decimos: «¡Nunca hemos experimentado algo así!». Eso es *exactamente* lo que la gente ha estado diciendo en esta temporada, y el objetivo de mi lección de historia es decirte: «¡Sí, ya hemos pasado por esto, y lo superamos!». ¡No solo lo superamos, sino que prosperamos como pueblo! ¿Por qué las personas de fe recurrirían a la desesperación ahora?

¡El Dios que no nos falló ni nos abandonó al atravesar guerras, hambrunas, depresiones, enfermedades y conflictos, tampoco nos abandonará ahora!

Mi libro está dirigido a personas de fe, así que debo recordarles que el mayor logro conocido por la humanidad en los últimos 122 años no es nada de lo que he escrito anteriormente. Si bien son grandes logros que demuestran resiliencia, ninguno se compara con lo que realmente ocurrió: el cumplimiento de la profecía de Joel.

> Después de esto, derramaré mi Espíritu sobre todo el género humano. Los hijos y las hijas de ustedes profetizarán, tendrán sueños los ancianos y visiones los jóvenes.

El mayor derramamiento del Espíritu Santo conocido por la humanidad ocurrió porque los miembros de una pequeña escuela bíblica en Topeka, Kansas, oraron fervientemente por el bautismo del Espíritu Santo. Desde una joven de 19 años llamada Agnes Osman hasta millones de personas en todo el mundo, hemos sido testigos del cumplimiento de lo que Pedro predicó, lo que Joel profetizó, ¡y aquello por lo que Jesús murió en la cruz!

En medio de una pandemia, el movimiento Voice of Healing [Voz de Sanación] se levantó liderado por los ministros de sanación más prominentes: A.A. Allen, William Branham y Jack Coe. Ellos dejaron de predicar y de orar por los enfermos e inspiraron a otra generación de evangelistas como Oral Roberts, R.W. Shambach y los grandes que todavía están con nosotros hoy en día.

> El mayor derramamiento del Espíritu Santo conocido por la humanidad ocurrió porque los miembros de una pequeña escuela bíblica en Topeka, Kansas, oraron fervientemente por el bautismo del Espíritu Santo

¡Oro para que la fe de Aimee Semple McPherson venga sobre nosotros para *llevar* el evangelio a los corazones y a las mentes de aquellos que nos rodean, y al hacerlo *expulsar* el pecado y el odio una vez más!

Como dije, esta sección puede haber parecido un libro en sí mismo, pero necesitaba decir estas cosas. Ahora volvamos al tema en cuestión. Tal vez recuerden que estaba analizando en detalle un sermón, así que continuaré:

John G. Lake: según las estadísticas del gobierno entre los años 1915 y 1920, Spokane, Washington, era la ciudad más saludable del mundo. El alcalde de Spokane celebró una conmemoración pública para honrar sus esfuerzos.

La relevancia de nuestra fe ha sido atacada por todos los flancos por aquellos que intentan erradicarla: el ateísmo, los predicadores falsos y la iglesia liberal del «despertar» que ha abandonado la creencia en la infalibilidad de la Biblia y en el poder sobrenatural de Dios. Al parecer, estamos en una batalla interminable contra municipios y gobiernos, ya sea que se trate de dictámenes, protestas o leyes que van en contra de la voluntad de Dios y que atacan nuestras creencias. Necesitamos hacedores de avivamiento que practiquen su fe con audacia. Creo que lo que le sucedió a Darío, a Nabucodonosor y a otros gobernantes paganos de la antigüedad puede volver a suceder. Aunque una vez fueron antagónicos, reconocieron el poder y la autoridad de nuestro Dios. Incluso si no servían al Dios de Abraham, Isaac y Jacob, lo respetaban.

Piénsalo: hace apenas cien años, un alcalde reconoció a un predicador del evangelio porque su ciudad era la más saludable de todas. ¡Puede volver a suceder! Estoy orando: «Dios, envía un avivamiento que haga que los alcaldes, gobernadores y municipios acudan a nosotros y nos pidan que oremos porque saben que cuando oramos, nuestro Dios responde».

En setiembre de 1904, Evan Roberts escuchó a un evangelista llamado Seth Joshua suplicar a Dios: «¡Quebrántanos! ¡Quebrántanos!». Este joven se fue e hizo esa misma oración: «¡Quebrántame! ¡Quebrántame!». Luego comenzó a orar por 100 000 personas en Gales, y ese avivamiento fue tan grande que transformó a los mineros, hombres robustos pero profanos, quienes solían maldecir a las mulas mientras tiraban de los tranvías en las minas. Las mulas estaban tan entrenadas a responder ante los insultos que cuando esos hombres regresaron al sitio donde las reuniones se celebraban y recibieron un toque de Dios en sus corazones, las mulas tuvieron que ser reentrenadas.

> Hoy se necesita un avivamiento de arrepentimiento.

Hoy se necesita un avivamiento de arrepentimiento. Hemos señalado a otros con el dedo demasiado tiempo. Les hemos exigido a los demás lo que deben hacer durante demasiado tiempo. La oración de avivamiento de Evan Roberts fue simple: «¡Quebrántame!».

Una de las canciones más populares cantadas por los niños cristianos de Estados Unidos se llama «He's still working on me» [Dios aún está obrando en mí]. Esta es una de las muchas canciones clásicas escritas por Joel Hemphill. Aunque nunca se lo he preguntado, no creo que tuviera la intención de que fuera una canción para niños. Cuando reflexiones en la letra, creo que opinarás igual que yo. ¡Esta canción es para mí, *ahora mismo!*

> Realmente mi corazón debería llevar un letrero que diga
>
> «No lo juzgues todavía, hay una parte sin terminar»
>
> Sin embargo, seré cada día mejor de acuerdo con su plan
>
> Moldeado por las manos amorosas del Maestro
>
> En el espejo de su palabra
>
> Veo un reflejo
>
> Que me hace preguntarme por qué Él nunca se dio por vencido conmigo

Pero Él me ama como soy y me ayuda
cuando oro

Recuerda que Él es el alfarero y yo soy
el barro

Todavía está obrando en mí

Para convertirme en lo que debo ser

Le tomó solo una semana hacer la luna
y las estrellas

El sol y la tierra; Júpiter y Marte

Cuán amoroso y paciente debe ser

«Porque Él todavía está obrando» en mí

Estas palabras engloban la oración del joven
Evan Roberts: «¡Quebrántame!».

Dios debe obrar en nosotros primero para
que podamos hacer su obra en el mundo. ¡La
oración contestada de Evan Roberts condujo a un
avivamiento radical que constituyó un verdadero
avivamiento de santificación y santidad, como lo
demuestran las historias de los mineros y las mulas!
¡Era notable que habían sido salvos!

Lester Sumrall dijo: «A principios de
este siglo se produjo el avivamiento de
Topeka, Kansas, y la calle Azusa, pero
eso no fue todo». En los años 50 y 60

hubo grandes cruzadas en tiendas de campaña donde las ambulancias se vaciaban, hospitales enteros quedaban sin pacientes, pero Lester dijo: «¡Eso no es todo!». En la década de 1970 tuvo lugar la renovación carismática y Lester Sumrall dijo: «Eso fue bueno, ¡pero hay más por venir!». ¡Lo que está sucediendo en el mundo hoy en día es sin duda el comienzo del mayor mover de Dios conocido por la humanidad!

Damas y caballeros, en mi opinión el cumplimiento de la profecía de Joel comenzó a partir del movimiento de santidad a fines de 1800 y fue impulsado por ese primer derramamiento del Espíritu Santo en Topeka, Kansas. A partir de allí vino el avivamiento de Azusa, el movimiento Voz de Sanación, la renovación carismática, el movimiento de la Lluvia Tardía y el movimiento de Jesús.

Antes de su fallecimiento, Lester Sumrall dijo que lo que estaba sucediendo entonces era sin duda el mayor mover de Dios conocido por la humanidad. Esto lo dijo durante el apogeo del movimiento Word of Faith [Palabra de Fe], del avivamiento de Brownsville, del bautismo de gozo y del gran avivamiento proveniente de la iglesia World Harvest en Columbus, Ohio.

Estamos viviendo un avivamiento continuo. Esto ya no es un pequeño mover aquí y allá, ¡son oleadas de avivamiento, una tras otra, que continuarán hasta que el Señor Jesucristo venga a buscar a su iglesia! Esto es lo que el Espíritu Santo me está mostrando que sucederá en estos últimos días.

> Estamos viviendo un avivamiento continuo.

Ha habido corrientes de verdad a través de los movimientos de Pentecostés, de prosperidad, de fe, de gozo y de sanación, que operaban independientemente el uno del otro. Los creyentes solían formar parte de un movimiento o de otro. Lo que Dios está haciendo hoy en día es hacer que estas corrientes converjan para que conformen un solo río. ¡Este es un río de sanación donde todas las bendiciones de Dios fluyen juntas y cualquiera que se sumerja en este río recibirá todo lo que el Padre le ha prometido a la Iglesia de los últimos tiempos!

¡Estas verdades, que algunos abandonaron y olvidaron, cada vez fluyen con mayor intensidad! El río está fluyendo ahora, y envolverá al mundo con el poder de Dios por última vez antes de su regreso triunfal. El Señor me dijo estas palabras para que las declare sobre el cuerpo de Cristo:

Esto es de lo que habló el profeta Joel cuando dijo que en los últimos días Dios derramaría su Espíritu sobre todo el género humano. La gente tiene hambre de eso. Es lo que están buscando. Se preguntan cuándo llegará. «Díganles lo que estoy haciendo sobre la faz de la tierra en este momento, esto es lo que prometí», dice el Señor. Esto es por lo que la gente está orando; esto es lo que la gente profetiza; este es el gran mover de Dios; no vendrá un mayor mover que este. Dios dice: «No te pierdas mi mover. No te pierdas lo que estoy haciendo ahora mismo por estar esperando otra ola de avivamiento. Esta es la ola que dije que vendría antes del arrebatamiento de la Iglesia. Este es el mover del que les hablé».

NOTA

1. McPherson, Aimee Semple: *Aimee: the life story of Aimee Semple McPherson* [Aimee: la historia de vida de Aimee Semple McPherson], Los Angeles: Foursquare Publications, 1979, p. 145-146.

CAPÍTULO 3

LA RELIGIÓN RESTRINGE EL AVIVAMIENTO

Hay una voz unánime en el cuerpo de Cristo que está denunciando, reprendiendo y derribando las fortalezas de la religión.

Cuando decimos «religión», supongo que la mayoría piensa que me refiero a un estilo de iglesia litúrgico clásico, pero me refiero exactamente a lo contrario. El espíritu de la religión se ha infiltrado en la iglesia llena del Espíritu Santo.

Los descendientes de los cristianos carismáticos tienen demasiado orgullo o se avergüenzan de la adoración desinhibida. El renacimiento que surgió de los cuáqueros y los shakers [sacudidos] ahora ha madurado y ha pulido su imagen. La iglesia pentecostal moderna ha crecido y se ha vuelto demasiado profesional como para experimentar un verdadero mover de Dios: el tipo de mover en el que nos rendimos al Señor y nos preocupamos más por agradarle a Él que por cuidar nuestra imagen en las redes sociales.

> **Los descendientes de los cristianos carismáticos tienen demasiado orgullo o se avergüenzan de la adoración desinhibida.**

Solían conocernos como aquellas personas que eran derribadas por el poder del Espíritu, que hablaban en lenguas, que rodaban por el piso y que eran llenas del gozo del Señor evidenciado en la risa santa. Bailábamos, corríamos por los pasillos y entre los bancos, y mucho más. Los paños de oración y los viales de aceite eran las armas comunes de nuestra batalla espiritual en el hogar. Orábamos por los enfermos antes de llamar al médico, reprendíamos a los demonios y a los espíritus inmundos, creíamos en la palabra de fe y en el poder de la palabra hablada.

«¿Realmente se necesita todo eso?».

¡Yo respondería un rotundo «sí»! ¡Se necesita todo eso *y* cualquier otro ingrediente que Dios quiera agregar a la mezcla! ¿Qué tal si Dios tiene más para ti de lo que ya has experimentado hasta ahora? ¿Qué tal si hay más de lo que has escuchado y experimentado? ¿Cómo puede cualquiera de nosotros decir: «Esto es todo lo que Dios tiene» o «Esta es la única forma en que Dios manifiesta su Espíritu»? ¡Tales mentalidades y declaraciones desafían la soberanía de Dios!

¡Nosotros, la iglesia moderna, no estaríamos disfrutando actualmente de la bendición, de la herencia, de las propiedades y de todo lo demás que tenemos si no fuera por esos santos que perseveraron en oración, que no se avergonzaron de entregarse por completo al Espíritu y que se mantuvieron abiertos a su fluir!

Obstaculizamos el avivamiento cuando olvidamos que las cosas del Espíritu sólo se entienden por medio de la fe, pues no son una ciencia. No se comprenden a través de la sabiduría y de los métodos humanos. Las cosas del Espíritu solo pueden ser recibidas y entendidas por medio de la fe.

Paso más tiempo debatiendo el mover y las manifestaciones de Dios con creyentes llenos del Espíritu que con personas inconversas. ¿Dios realmente sana? ¿La gente realmente es derribada por el poder del Espíritu? ¿Por qué se ríen? ¿Por qué hablan en lenguas? ¿Por qué son tan aguerridos cuando oran? ¿Es necesario bailar así? Estas son preguntas que me han hecho personas llenas del Espíritu, y francamente me entristecen.

Mi postura siempre ha sido estar abierto a todo mover de Dios. No encasillo a Dios en lo que yo creo que Él puede o no puede hacer, ni en lo que yo opino que debe o no debe hacer. ¿Quiénes somos nosotros para cuestionar las formas en que Dios manifiesta su poder en medio de su pueblo?

Cuando piensas en todos los años de lágrimas, tristeza y dolor, ¿no tendría sentido que la «alegría indescriptible y llena de gloria» viniera acompañada de risa y felicidad? Si una pequeña descarga de electricidad puede derribarnos al suelo, ¿acaso el poder de Dios no es capaz de hacer eso y más?

> No permitas que el espíritu de la religión te impida ser parte de lo que Dios está haciendo.

No permitas que el espíritu de la religión te impida ser parte de lo que Dios está haciendo. Puede ser algo nuevo para ti, pero esa no es razón suficiente para no abrirte al mover de Dios. Si nuestros antepasados hubieran tomado esa postura, nunca habría ocurrido el avivamiento de Topeka, Kansas, ni el de la calle Azusa.

Una inquietud válida es querer discernir lo que es de Dios y lo que no. Aquellos que están llenos del Espíritu serán *guiados* por el Espíritu. El mismo Espíritu que nos hace profetizar también nos da discernimiento. La Escritura nos exhorta a poner a prueba los espíritus.

> Queridos hermanos, no crean a cualquiera que pretenda estar inspirado por el Espíritu, sino sométanlo a prueba para ver si es de Dios, porque han salido por el mundo muchos falsos profetas (1 Juan 4:1).

Al enseñar y aconsejar a las personas sobre los asuntos de Dios, mi respuesta para quienes acuden a mí siempre ha sido la siguiente: si puedo darte evidencia bíblica que respalde nuestras enseñanzas o nuestras prácticas, debes analizarla. Ten en cuenta los ejemplos de la Biblia y ora al Señor para que te dé confirmación. Del mismo modo, si alguna vez enseño algo o me comporto de alguna manera que no puedo respaldar con la Palabra, ¡*corre* y no mires a atrás!

Hay una generación que se levantó y le dio la espalda al Espíritu Santo. Se avergonzaron de las manifestaciones de Dios porque alguien contaminó el pozo de agua. Hubo alguien que incursionó en el

> **Si puedo darte evidencia bíblica que respalde nuestras enseñanzas o nuestras prácticas, debes analizarla.**

sensacionalismo, y en lugar de limpiar el agua del pozo, la gente decidió tapar el pozo por completo. Pero Dios me ha levantado y Él te ha levantado a ti en esta generación para proclamar que hay pozos de verdad. Hay verdad en la prosperidad. Hay verdad en la Palabra de fe. Hay verdad en Pentecostés. Estos pozos de verdad ya no se pueden tapar, y Dios nos ha llamado a volver a cavar esos pozos, a abrirlos para que las aguas de la verdad fluyan. Dejarán de ser pozos y se convertirán en corrientes de agua que fluirán libremente en medio del cuerpo de Cristo. Nuestros hijos conocerán el poder de Pentecostés y de la Palabra de fe; sabrán que la generosidad, la prosperidad y la abundancia son reales y que, si uno se rinde al Espíritu Santo, Dios enviará avivamiento.

Somos muy conscientes del hecho de que ha habido falsos profetas, abusos y exageraciones a lo largo de los años. Estos no son problemas nuevos; han estado ocurriendo en la Iglesia desde el octavo capítulo del libro de los Hechos cuando Simón el hechicero quiso comprar la habilidad de «impartir el bautismo» del Espíritu Santo mediante la imposición de manos. La corrupción siempre ha existido, solo pregúntele a Jesús sobre su discípulo Judas.

Pero me inquieta que en lugar de ocuparnos de evitar el exceso o de corregir la mala enseñanza, al parecer, hemos impedido que la corriente de verdad siga fluyendo.

El pozo de prosperidad fue contaminado por unos pocos a causa de su exceso.

El pozo de Pentecostés fue contaminado por unos pocos a causa de su teatralidad.

El pozo de sanación fue contaminado por unos pocos charlatanes.

El pozo del gozo fue contaminado por unas pocas personas desequilibradas.

El pozo de la fe fue contaminado por unos pocos que se excedieron.

¿Acaso esto anula la veracidad de cada uno de estos pozos provenientes del cielo? ¡De ninguna manera!

La respuesta de la Iglesia debería ser corregir lo que necesita ser corregido sin abandonar los pozos de avivamiento y de bendición. Sigo creyendo que el pueblo de Dios debe prosperar; ¿de qué otra manera se financiará el evangelio? ¡Seguiré creyendo en Pentecostés! ¡Todavía creo en el bautismo de gozo!

¿Por qué los cristianos deben andar deprimidos y derrotados todo el tiempo? ¡Creo en la sanación! ¡Creo en la fe! Debemos transmitir estas verdades a las generaciones futuras y no permitir que la religión nos robe la plenitud del tesoro de Dios.

Estoy cansado de las guerras santas. Los problemas de la iglesia harán que las personas le den la espalda al avivamiento. Basta de la pelea religiosa donde las distintas denominaciones luchan entre sí. A Dios eso no le sirve. Cuando el enemigo ya no pudo usar los vicios del mundo para afligirnos, avivó la llama de la religión. A él realmente no le importa qué método utilizar para hacernos tropezar y dividirnos, siempre y cuando nunca lleguemos a cumplir nuestro potencial. La gente ya no quiere ser parte de la Iglesia. La política religiosa es tan perversa como la política nacional. Necesitamos rendición de cuentas, estructura y liderazgo, pero ya no necesitamos burocracia. ¡El cuerpo de Cristo es una monarquía con un Rey cuyo gobierno no tendrá fin!

> La respuesta de la Iglesia debería ser corregir lo que necesita ser corregido sin abandonar los pozos de avivamiento y de bendición.

El espíritu de la religión siempre señalará los problemas de la Iglesia. Hará que la gente diga: «No,

Dios no está aquí. ¿Cómo puede estar aquí cuando hay tensión racial? ¿Cómo puede estar aquí cuando hay conflictos políticos? ¿Cómo puede estar aquí cuando hay enfermedad?».

¡Rechazamos ese espíritu diciendo la verdad! La verdad es que no hay nada con lo que la Iglesia esté lidiando en este momento que no hayamos enfrentado antes. Como mencioné previamente, el libro de los Hechos está lleno de escándalos, corrupción, racismo, mentiras, asesinato, luchas por el liderazgo y más. Sin embargo, ¡cada capítulo rebosa de *avivamiento!* Señales, milagros, maravillas, bautismo en agua, llenura del Espíritu Santo.

> Cuando el enemigo ya no pudo usar los vicios del mundo para afligirnos, avivó la llama de la religión.

Te hablo por la autoridad del nombre de Dios. No dejes que un pequeño problema en la iglesia o algún desacuerdo te impidan ser parte del río del avivamiento. No permitas que la amargura o la contienda se apoderen de tu corazón y te impidan recibir lo que Dios tiene para ti. ¡No dejes que el temor evite que estés abierto a las cosas nuevas que Dios tiene para ti! ¡Este es el día que hemos estado soñando y anhelando, hacedores de avivamiento!

HACEDORES DE AVIVAMIENTO

CAPÍTULO 4

LA LLENURA DEL ESPÍRITU: EL INGREDIENTE ESENCIAL PARA EL AVIVAMIENTO

Cuando me casé hace unos años, ingenuamente le pedí a mi mujer sureña si podía aprender a cocinar algunos platos como mi madre. Ella me contestó: «Al parecer no sabes lo que es vivir con una mujer sureña. No pienso llamar a tu madre». Fue entonces cuando recibí la revelación de la cocina sureña. ¡Dios mío! ¡Gracias, Jesús! Nunca había gritado de emoción por la crema de maíz hasta que conocí a Jina. Pero antes de esa revelación, debido a mi ignorancia, le dije: «Solo necesito que llames a mi madre, porque ella usa ciertos ingredientes que sé que son buenos, y noté que en la alacena tienes una especie de sal rosa del Himalaya, pero yo no practico el vudú ni hago brujería. No uso sal rosa, solo sal blanca. Y no te metas con la grasa, la manteca de cerdo y la mantequilla; no intentes reemplazarlos por algo saludable. No prevalecerá ninguna arma que se forje contra mí, y eso incluye el colesterol y los carbohidratos, en el nombre de Jesús».

Ahora, si soy así con la comida, más aún con mi iglesia. No me gusta cuando la gente se mete con mi iglesia. No me gusta cuando la gente saca cosas que son necesarias y fundamentales para el avivamiento. ¡Dios no lo tolerará! El ingrediente esencial para el avivamiento se menciona en el libro de los Hechos.

> El bautismo del Espíritu Santo es la puerta de acceso a la fuente de Dios, al poder perpetuo en el que puedes sumergirte y lavarte cada día.

La iglesia del libro de los Hechos era una iglesia de oración y de consagración. Sin embargo, lo más importante es que esta iglesia no solo fue llena del Espíritu Santo, sino que se *mantuvo* llena del Espíritu Santo.

Los movimientos y las iglesias que promueven el avivamiento se mantienen llenos del Espíritu Santo. No se llenan una sola vez y se van con su certificado, diciendo: «Este es el día en que nací del Espíritu Santo, gloria a Dios». Más bien, se mantienen llenos, porque el bautismo del Espíritu Santo no es un acontecimiento de una sola vez del que luego te olvidas. Es la puerta de acceso. El bautismo del Espíritu Santo es la puerta de acceso a la fuente de Dios, al poder perpetuo en el que puedes sumergirte y lavarte cada día. Puedes zambullirte en esta fuente y ser renovado y restaurado.

Él es el Espíritu que te guía a toda verdad. Él es el Espíritu que te dará dirección. Es por eso que ahora mismo quisiera proponerte y aconsejarte encarecidamente que no tomes ninguna decisión fuera de la guía del Espíritu Santo. No compres un auto sin la guía del Espíritu Santo. No compres una casa sin la dirección del Espíritu Santo. Mi querido lector, no te cases sin consultarlo con el Espíritu Santo, porque Él te guiará por sendas de justicia y por el camino de verdad, porque Él es el Espíritu de verdad.

No puedes enfrentar la vida sin el bautismo del Espíritu Santo. Asimismo, la iglesia debe permanecer llena del Espíritu Santo. Sigo siendo el predicador loco que piensa que todos necesitan al Espíritu Santo. No se trata de una doctrina pentecostal, carismática o denominacional. Es una verdad bíblica. Porque Dios dijo: «Derramaré mi Espíritu sobre todo el género humano». ¡Si eres humano, calificas para el bautismo! Esta promesa es para todos por igual: ¡los recién convertidos, los adultos, los niños y los cristianos maduros!

¡No es opcional! No es como una marca de pasta dental donde cuatro de cada cinco odontólogos recomiendan esa marca y el otro odontólogo recomienda una marca diferente porque consiguió un mejor contrato. Esto es para *ti* y para todos.

Solía hacer esta oración: «Dios, lleva a cada alma a una iglesia pentecostal». Ahora, oro: «Dios, envía Pentecostés a cada iglesia».

No me importa qué tipo de cristiano seas; a Dios tampoco le importa, y es su opinión la que realmente cuenta. Siempre fui fan de las heladerías Baskin Robbins y sus 33 sabores. Me gusta todo tipo de helado, gloria a Dios. Asimismo, amo a la iglesia de Dios, en toda su variedad. Iría a cualquier iglesia. Me gustan todas. Soy fan de las iglesias. Me gusta la iglesia de estilo pentecostal e incluso la iglesia litúrgica. Tengo un amigo bautista que recientemente vino a hablar conmigo. Él está abierto al bautismo del Espíritu; como resultado, aquellos en su círculo de influencia le han dado

> No me importa qué tipo de cristiano seas; a Dios tampoco le importa, y es su opinión la que realmente cuenta.

la espalda. Mi amigo ha comenzado a transitar un camino que es nuevo para su congregación, pero según me contó, han estado haciendo esta oración: «Ven Espíritu Santo, ven Espíritu Santo, haz lo que tú quieras».

¿Sabes lo que estoy orando por él y por su congregación? Estoy orando lo siguiente: «Dios, envía un bautismo del Espíritu Santo a esa iglesia, y Señor, no lo hagas a través de un predicador pentecostal; hazlo a través de un predicador bautista para que nadie diga que fue un predicador pentecostal quien los influyó».

Envía el majestuoso bautismo de poder, y ellos también entonarán la vieja canción: «*¡Es real, es real, sé que es real! ¡Sé que esta bendición pentecostal, es real!*».

Hay almas hambrientas sentadas en los bancos de cada iglesia cristiana, desde católicos y luteranos hasta presbiterianos y metodistas que buscan a Dios. Algunos de los líderes de su denominación le han dado la espalda al moralismo, pero hay una generación hambrienta que está clamando a Dios, y Dios enviará su Espíritu Santo a esos movimientos.

Pero recibirán poder cuando el Espíritu Santo descienda sobre ustedes; y serán mis testigos, y le hablarán a la gente acerca de mí en todas partes: en Jerusalén, por toda Judea, en Samaria y hasta los lugares más lejanos de la tierra (Hechos 1:8 NTV).

Me gusta mucho cómo explica este pasaje de Hechos 1:8 la Biblia Amplificada, Edición Clásica en inglés [Amplified Bible, Classic Edition]. Dice así: «Cuando el Espíritu Santo descienda sobre ustedes, se volverán eficientes, capaces y poderosos» [traducción literal del inglés]. Los espíritus de inseguridad y de insuficiencia afligen a muchos creyentes y les impiden ser usados por el Espíritu Santo. La gente me dice todo el tiempo: «No me siento capaz. No sé si Dios puede usarme para restaurar mi matrimonio. No sé si Dios puede restaurar a mi familia. No sé cómo Dios podría usarme». Lo entiendo totalmente, y de hecho es cierto, no eres capaz de hacerlo. Pero el Espíritu Santo te capacita. El Espíritu Santo te ha hecho más que vencedor. El Espíritu Santo te ha hecho coheredero con Cristo de las promesas de Dios Padre. Es gracias al poder del Espíritu Santo que puedes hablar y hacer que su poder se manifieste, obteniendo así la victoria. La unción te hace acercarte confiadamente al trono de la gracia en presencia de los hombres.

No vayas a ninguna parte sin el Espíritu Santo. Repito: no vayas a ninguna parte sin el Espíritu

Santo. Te aseguro que, si bien Jesús fue solo a la tumba, no se quedó allí solo. Mientras yacía en una tumba rodeado de soldados, ¡la Biblia dice que el Espíritu del Dios viviente resucitó a Cristo Jesús de entre los muertos! Pasó por al lado de los soldados romanos, se abrió camino a través de las rocas. Las Escrituras dicen que el mismo Espíritu que resucitó al Hijo de Dios de entre los muertos vive en ti. Solo piensa en eso por un momento. Si el Espíritu Santo puede resucitar a Jesús de entre los muertos, imagina lo que puede hacer en ti. Imagina de dónde puede levantarte. ¡Imagina aquello que podrás hacer por medio del poder del Espíritu Santo! Hacedores de avivamiento, permanezcan llenos del poder del Espíritu Santo, manténganse consagrados.

Tengo una amiga y madre en la fe que recientemente cumplió 89 años. Es la obispo Ana Giménez, una poderosa mujer de Dios a quien el Señor usó para convocar a millones de personas a orar por la nación. Ha sido una promotora de avivamientos desde que tenía 19 años; nunca has conocido a nadie como ella.

Un día, en una conversación al pasar, me dijo: «Tony, ¿conoces ese versículo que dice que las puertas del infierno no prevalecerán contra la iglesia?».

Le contesté: «Sí, señora».

Luego ella me dijo: «Eso fue escrito sobre ti».

Le pregunté: «¿Qué quieres decir?».

Ella respondió: «La iglesia no es una organización, una corporación o una denominación. Las Escrituras dicen que tú eres el templo del Espíritu Santo. Tú eres la iglesia.

Así que cuando Jesús dijo que las puertas del infierno no prevalecerán contra su Iglesia, Él estaba hablando de mí y de ti. Se refería a tu familia, a tus hijos, a tu matrimonio y a ti. ¡Hoy declaro que las obras de satanás no prevalecerán en tu vida porque tú —su iglesia, su ecclesía— serás fuerte y poderoso por medio del Espíritu Santo!

Pentecostés aún tiene un idioma propio. ¡Todavía emitimos un sonido que debe ser escuchado! El viento del Espíritu no emitió ningún sonido en el aposento alto; ¡el sonido provenía de lo que tocaba el poderoso viento! ¿Cómo escuchará el mundo el sonido si no es a través de nosotros? ¿Cómo hablarán nuestros hijos el idioma de Pentecostés si nunca lo escuchan?

> Pentecostés aún tiene un idioma propio. ¡Todavía emitimos un sonido que debe ser escuchado!

Me crié en un hogar bilingüe. Hablo español porque la lengua materna de mi padre era el español. Mi madre, nativa de Chicago, hablaba inglés. Cuando hablaba con mi madre, hablaba en inglés. Mi padre no hablaba muy bien inglés. Así que, cuando quería comunicarme con mi padre, para asegurarme de entenderlo y de que él me entendiera a mí, debía hablarle en su idioma.

¡Una de las razones por las que hablo mi idioma celestial todos los días es porque es el idioma de mi Padre celestial! La Biblia dice: «No sabemos qué pedir, pero el Espíritu mismo intercede por nosotros» (ver Romanos 8:26). Y cuando oras en el Espíritu, tu Padre dice: «Sé exactamente lo que estás diciendo. Ahora, aquí está tu bendición. Aquí está tu milagro».

No quiero sonar como un nerd, pero hablar en lenguas es similar a hablar en código, porque hay una entidad que no entiende el idioma, la cual vive debajo de tus pies. Hay pequeños demonios siguiéndote con cuadernos, tomando nota, y tú les estás dando las municiones que necesitan para saber cómo atacarte. Estás armando al diablo toda la semana, al hablar de todo con lo que luchas. «Oh, si lo hace una vez más, me voy a divorciar de él. Si sucede tal y tal cosa, ¡se terminó!» ¡Y esos espíritus te escuchan y luego te atacan! ¡Deja de armar al diablo con tus palabras de duda, de ira y de discordia! ¡Habla el idioma del Espíritu!

En lugar de maldecir a tus hijos, comienza a orar en el Espíritu Santo por ellos. ¿Qué pasaría si la próxima vez que tuvieras un pequeño conflicto en tu matrimonio, en lugar de insultarse el uno al otro, oraran en el Espíritu el uno por el otro? ¡Tu matrimonio podría experimentar un avivamiento!

El idioma es importante. La pérdida del idioma es perjudicial para una sociedad. La pastora Jentezen Franklin predicó un sermón hace años que impactó mi vida. Lo escucho al menos dos veces al año. El sermón trata sobre el idioma del Espíritu y nos advierte que nunca debemos perder nuestro idioma. En ese sermón ella explica que cuando un grupo étnico pierde su idioma, deja de existir. No deja de existir cuando pierde su cultura, ni su arte, ni su música, sino cuando pierde su idioma.

Pentecostés tiene un idioma, un sonido. Yo hablo español porque mi padre hablaba español. Hablo en lenguas porque cuando era niño, mi mamá me tenía envuelto en sus brazos en un altar mientras oraba al Espíritu Santo, haciéndome partícipe de ello, asegurándose de que yo escuchara el sonido de Pentecostés, el sonido del aviamiento. Sé que las cosas han cambiado desde los días de antaño, pero si queremos mantener el poder de los viejos tiempos, esta generación debe aprender el idioma y el sonido del Espíritu.

No recuerdo todos los sermones que escuché en mi vida, he escuchado miles y miles, pero recuerdo cada llamado al altar donde Dios se apoderó de mi vida. Oí el sonido de la lucha y el idioma del avance espiritual, y me estoy asegurando de que mis hijos oigan ese mismo sonido e idioma. Me aseguro de que mis hijos me escuchen hablar en lenguas. Me aseguro de que mi familia me escuche hablar en lenguas, no solo en la iglesia sino en el automóvil y en mi casa. No quiero que las lenguas sean algo extraño en mi hogar. Quiero que mis hijos sean trilingües. En mi casa, hablamos inglés, hablamos español y hablamos en las lenguas del Espíritu Santo.

> Cuando un grupo étnico pierde su idioma, deja de existir.

Los hacedores de avivamiento crean una atmósfera en la cual el Espíritu puede morar dondequiera que vayan. Ellos se aseguran de que sus hogares y sus vehículos estén llenos de la gloria de Dios para que cuando sus hijos entren, tengan el mismo poder y escuchen el mismo sonido.

No puedo controlar lo que escuchan cuando van a la escuela. Un día en particular, mi hijo de seis años llegó a casa de la escuela caminando por el patio delantero y haciendo un baile extraño y divertido, mientras cantaba: «¿Puedes menearte y hacer el nae nae?».

No puedo controlar lo que escuchan en el autobús, pero sí puedo controlar lo que escuchan en mi casa y en mi automóvil. Me estoy asegurando de que escuchen los sonidos de Pentecostés, las canciones de avivamiento, el sonido de la iglesia. Si la música puede influir en ellos de esa manera, quiero asegurarme de que escuchen el sonido de Dios.

> Los hacedores de avivamiento crean una atmósfera en la cual el Espíritu puede morar dondequiera que vayan.

CAPÍTULO 5

LA IMPORTANCIA DE LA ORACIÓN

Una vez, después de comer lo que fue ofrecido como sacrificio en Silo, Ana se levantó y fue a orar (1 SAMUEL 1:9 NTV).

¡Hacedores de avivamiento, no puede haber avivamiento sin oración! ¡Todo comienza con la oración!

Como ya lo mencioné, soy un niño de iglesia. En mi casa siempre me sentía como si estuviera en una reunión de campaña. Mientras otros niños jugaban a la casita y a cualquier otra cosa, yo estaba en el sótano de nuestra casa jugando a la iglesia. Me ponía traje y corbata. Ponía en fila a mis juguetes, les predicaba y oraba por todos ellos. Hacía una fila de GI Joes y luego decía: «Fuego sobre tu vida». Al estilo Benny Hinn, los noqueaba a todos a la vez de un solo golpe: «Fuego sobre tu vida».

Bauticé en agua a Superman. Había tenido un ataque con kriptonita, y oré la oración de fe en el nombre de Jesús y Dios lo levantó de su lecho de muerte. Estoy seguro de que nunca leíste este tipo de historias en los cómics, pero te digo que sucedió en mi sótano y yo lo presencié.

Incluso ungía los muebles con aceite. Un día mi madre bajaba al sótano con la ropa para lavar y se resbaló en las escaleras. La escuché gritar: «¡Tony!, ¡¿qué derramaste en las escaleras?!».

«Mamá, no sabes quién fue sanado allí mismo. Hice la oración de fe. Mamá, no sabes, en el escalón que acabas de pisar ocurrió un milagro».

Tengo recuerdos maravillosos y vívidos de mi infancia en un hogar cristiano. Recuerdos muy vívidos de lo que sucedía en nuestra casa cuando nos enfermábamos. No llamamos al 911, no hacíamos una videoconferencia con el médico. Lo primero que hacían mis padres en nuestro hogar cristiano cuando nos enfermábamos en los años 70, los 80 e incluso en los 90, era ir a la cocina, tomar una botella oxidada de aceite de oliva que guardaban debajo del fregadero y ungirnos con aceite. Hacían la oración de fe en el nombre de Jesús, y el aceite, el óxido y la oración te curaban de todas las enfermedades. Esa era nuestra primera opción. Con el tiempo, íbamos al médico, pero lo hacíamos para confirmar que Jesús ya nos había sanado.

Uno de mis mejores recuerdos al crecer en una familia de hacedores de avivamiento es que muestra casa era un lugar de oración. Orábamos por todo. Todas las noches orábamos en familia alrededor de la cama de mis padres. Era el tipo de oración de estilo litúrgico en la que debíamos completar la frase.

> Con el tiempo, íbamos al médico, pero lo hacíamos para confirmar que Jesús ya nos había sanado.

Mis padres comenzaban «Señor Jesús, gracias por...», y mi hermano y yo respondíamos «... este día». Mis padres continuaban «Perdónanos por...», y nosotros respondíamos «... nuestros pecados». Nos estaban enseñando a Andrew y a mí otro idioma. Supongo que en realidad éramos cuatrilingües. Hablábamos inglés con mi madre, español con mi padre, nuestro idioma celestial (las lenguas), y nuestros padres nos estaban enseñando la importancia del idioma que mueve los cielos y la tierra: la oración. Nos estaban enseñando cuán importante y vital es tener una comunicación abierta con el Padre.

Hay un recuerdo en particular que tengo muy presente sobre cuando ingresé al cuarto grado. Yo era una especie de nerd. Me gustaba la escuela. Esperaba ser elegido capitán de la patrulla de seguridad. El cuarto grado en mi primaria tenía dos maestras. Una era considerada «asombrosa» por los demás estudiantes y luego estaba la otra maestra.

> Nuestros padres nos estaban enseñando la importancia del idioma que mueve los cielos y la tierra: la oración.

Los estudiantes de esta época no entienden cómo eran los años 80. Te digo, algunos maestros eran un poco malos en ese entonces. Golpeaban los escritorios con sus reglas y a veces hasta pateaban los escritorios. Tal vez tu experiencia sea diferente, pero en Chicago eran un poco bruscos. Por cosas del destino, me asignaron a esa maestra conocida por patear escritorios, golpear a los alumnos con reglas y gritarles en la cara.

Me fui a casa llorando por la clase a la que me habían asignaron. Todavía recuerdo haberle preguntado a mi madre si había algo que pudiéramos hacer al respecto. Mi madre dijo: «Tony, ¿qué te he enseñado a hacer cuando tienes un problema? Vamos a orar al respecto».

Entonces respondí: «Muy bien, mamá, de acuerdo, vamos a orar». Ahora, no olvides que tengo una mamá pentecostal. Ella es una intercesora y cada demonio en el infierno está aterrorizado de ella. Cuando ella ora, ¡las cosas suceden!

Cuando ella dijo que íbamos a orar, pensé que íbamos a entrar en una guerra espiritual, así que comencé a orar: «Padre, en el nombre de Jesús, ato a esta maestra con la sangre de Jesús. Ella está debajo de mis pies en este momento. Satanás, tú estás debajo de mis pies; esa maestra está bajo mis pies. Me sacudo el polvo de los pies y ella se come mi polvo. Voy adelante. No prevalecerá ninguna arma que se forje contra mí. Esa maestra no podrá salirse con la suya».

Mi mamá me hizo callar y me dijo: «Detente. No es así como vamos a orar».

Luego dijo: «Déjame mostrarte cómo orar por esto. Padre, te doy gracias por la señorita_____. Te agradezco por su vida y te agradezco por traerla a la vida de Tony. Te agradezco que Tony tenga el favor de la señorita _____».

Me quedé allí con la boca abierta de asombro. No tenía ni idea de lo que estaba pasando. Yo estaba en una crisis y necesitaba ganar la victoria sobre lo que percibía como un enemigo, y mi madre estaba haciendo la oración más amable que jamás le había escuchado orar. Me preguntaba qué le había pasado a mi madre. Mientras ella sonreía y parpadeaba, decía «Señor, solo te doy las gracias porque este va a ser el mejor año de Tony en la escuela». Hasta podría haber recitado la famosa declaración de Lakewood: «Esta es mi Biblia. Soy lo que dice que soy. Puedo hacer lo que dice que puedo hacer. Hoy, se me enseñará la incorruptible e indiscutible Palabra de Dios. Mi mente está alerta; Nunca, nunca seré el mismo. Nunca, nunca, nunca».

Me río incluso mientras escribo esto. Me refiero a que esta no era la forma en que normalmente orábamos. No podía entender lo que estaba pasando. ¡No necesitaba el favor de la maestra, necesitaba la victoria sobre mi enemigo!

Ella continuó: «Tony tiene el favor de la señorita _____. Este va a ser el mejor año escolar que Tony haya tenido y ella va a ser su amiga. Es bendecido al comenzar el cuarto grado y será bendecido al terminar el cuarto grado».

Luego escribió una nota para que se la diera a mi maestra. Creí que quizás mi mamá había decidido enviar una nota simplemente porque no quería que yo la escuchara regañar a la maestra ni reprenderla en oración. Estaba seguro de que esa nota decía: «El papá de Tony es colombiano, así que mejor tenga cuidado o haremos que la mafia se encargue de usted». Y como soy mafioso, leí la nota de camino a la escuela. Era una nota *invitando* a la maestra a asistir a mi próximo recital de piano.

¿Quién lo diría? Esa maestra no solo asistió a mi recital de piano en cuarto grado, sino que también asistió a todos mis recitales de piano desde el cuarto grado hasta que me gradué de la escuela secundaria. Ella estuvo en cada recital; incluso me regaló dinero y una tarjeta por mi cumpleaños y hasta se hizo amiga de nuestra familia. Ese año fue literalmente el mejor año de mi vida en esa escuela primaria. Fui elegido capitán de la patrulla de seguridad gracias a ella.

Ahora, a mis 42 años, todavía recuerdo el cuarto grado, lo cual da testimonio de que dejó una huella en mi mente. Generó un recuerdo memorable para mí y me dio la convicción fundamental para mi vida de que cuando oro, Dios responde a la oración. Cuando oras, las cosas cambian a tu favor. La vida de oración de mi madre

> La queja no sirve de nada, ¡pero la oración sí cambia las cosas!

realmente no se trató solo del cuarto grado; me enseñó el poder de la oración. Gracias a ese testimonio de cuarto grado aprendí que la queja no sirve de nada, ¡pero la oración sí cambia las cosas!

La era de las redes sociales nos ha dado otra forma de expresar nuestras quejas y frustraciones. Se ha convertido en un campo de batalla para cualquier cosa y para todo. Yo mismo soy culpable de haber tuiteado mi frustración y publicado mis quejas. En medio de un tiempo de gran desaliento con todo lo sucede en nuestro mundo, escuché la suave voz del Espíritu Santo que me recordaba: «Suárez, no puedo hacer nada con tus quejas. No puedo hacer nada con tus publicaciones. Pero ¿recuerdas cuando estabas en cuarto grado y tu madre te hizo orar por esa maestra? Cambié la situación a tu favor».

Ese fue solo un sutil llamado de atención del Espíritu Santo para recordarme la importancia de la oración, y ahora yo te lo recuerdo a ti. Lo que necesitamos no son más tweets y publicaciones, sino orar porque la oración eficaz y ferviente del justo es poderosa (ver Santiago 5:16).

Sé que es un cliché, pero es la verdad: la oración cambia las cosas. Cuando oras, abres la comunicación directa con el Padre que está en los cielos, y la Biblia dice que Él oirá todo lo que pidamos conforme a su voluntad (ver Juan 16:23).

A mis hijos y a mí nos encanta disfrutar de un buen filete, así que los llevé a comer una noche. Todo salió mal casi de inmediato. Teníamos una reservación, pero nos sentamos tarde a la mesa, la temperatura de los filetes no era la adecuada, nos trajeron los acompañamientos equivocados; en fin, todo estaba mal. Es posible que me haya olvidado de que soy un embajador de Cristo lleno del Espíritu Santo y que no haya tratado muy bien al ayudante de camarero, a la camarera y a la anfitriona del restaurante. Me estaba preparando para sacar mi teléfono y publicar una mala crítica extensa en internet sobre este establecimiento. La camarera pasó de nuevo y exigí hablar con el gerente. El gerente llegó a la mesa muy alegre y animado. Enseguida comencé a quejarme y a despotricar. Le dije: «Sabe, he hablado con el ayudante de camarero, con la camarera y con la anfitriona del restaurante».

Simplemente repasé la lista de todas las personas con las que había hablado, y él me detuvo y me dijo: «Señor, creo que sé cuál es el problema».

Lo corregí y le dije: «No, ni siquiera he llegado a mencionarle cuál es el problema real todavía».

Me interrumpió y me dijo: «De hecho, creo que sé cuál es el problema. Ha estado hablando con las personas equivocadas». (Puedo hacer un sermón de cualquier cosa. Le debo a ese hombre una ofrenda; tan pronto como lo dijo, supe que iba a predicar sobre esa noche algún día). Él dijo: «Ha estado hablando con las personas equivocadas. Cualquiera que sea su queja, debió haber acudido a mí primero porque ellos no pueden hacer lo que yo puedo hacer. Si hubiera solicitado hablar conmigo, me habría asegurado de que esto se arreglara de inmediato».

Me senté en mi silla y me di cuenta de que esa era la historia de mi vida. Podía quejarme en las redes sociales, con mis amigos y mis familiares, pero ninguno de ellos podría darme una solución; sin embargo, el salmista dijo: «A las montañas levanto mis ojos; ¿de dónde ha de venir mi ayuda? Mi ayuda proviene del Señor» (Salmos 121:1-2).

> Necesitamos volver a ser una Iglesia que ora, que sepa cómo y cuándo invocar a Dios.

Si prestas atención, creo que podrás escuchar a Dios decirte hoy: «He oído tus quejas. He visto tu frustración. He leído tus publicaciones. He visto tus lágrimas. Se todas las cosas que dijiste que ibas a hacer, pero ¿por qué no me pruebas a mí? Ven a mí en oración, porque cuando oras en mi nombre, Yo contesto tu oración».

Necesitamos volver a ser una Iglesia que ora, que sepa cómo y cuándo invocar a Dios, no una Iglesia política ni quejumbrosa.

El capítulo uno del primer libro de Samuel cuenta una historia que ilustra lo que yo estoy tratando de transmitirles.

Había un hombre llamado Elcana que vivía en Ramá, en la región de Zuf ubicada en la zona montañosa de Efraín. Era hijo de Jeroham, hijo de Eliú, hijo de Tohu, hijo de Zuf, de la tribu de Efraín. Elcana tenía dos esposas: Ana y Penina. Penina tenía hijos, pero Ana no.

Cada año Elcana viajaba a la ciudad de Silo para adorar al Señor de los Ejércitos Celestiales y ofrecerle sacrificios en el tabernáculo. Los sacerdotes del Señor en ese tiempo eran los dos hijos de Elí: Ofni y Finees. Cuando Elcana presentaba su sacrificio, les daba porciones de esa carne a Penina y a cada uno de sus hijos. Sin embargo, a Ana, aunque la amaba, solamente le daba una porción selecta porque el Señor no le había dado hijos. De manera que Penina se mofaba y se reía de Ana porque el Señor no le había permitido tener hijos. Año tras año sucedía lo mismo: Penina se burlaba de Ana mientras iban al tabernáculo. En cada ocasión, Ana terminaba llorando y ni siquiera quería comer. «¿Por qué lloras, Ana? —le preguntaba Elcana—. ¿Por qué no comes? ¿Por qué estás desanimada? ¿Solo por no tener hijos? Me tienes a mí, ¿acaso no es mejor que tener diez hijos?».

Una vez, después de comer lo que fue ofrecido como sacrificio en Silo, Ana se levantó y fue a orar. El sacerdote Elí estaba sentado en su lugar de costumbre junto a la entrada del tabernáculo. Ana, con una profunda angustia, lloraba amargamente mientras oraba al Señor e hizo el siguiente voto: «Oh Señor de los Ejércitos Celestiales, si miras mi dolor y contestas mi oración y me das un hijo, entonces te lo devolveré. Él será tuyo durante toda su vida, y como señal de que fue dedicado al Señor, nunca se le cortará el cabello».

Mientras Ana oraba al Señor, Elí la observaba y la veía mover los labios. Pero como no oía ningún sonido, pensó que estaba ebria.

—¿Tienes que venir borracha? —le reclamó—. ¡Abandona el vino!

—¡Oh no, señor! —respondió ella—. No he bebido vino ni nada más fuerte. Pero como estoy muy desanimada, derramaba ante el Señor lo que hay en mi corazón. ¡No piense que soy una mujer perversa! Pues he estado orando debido a mi gran angustia y a mi profundo dolor.

—En ese caso —le dijo Elí—, ¡ve en paz! Que el Dios de Israel te conceda lo que le has pedido.

—¡Oh, muchas gracias! —exclamó ella.

Así que se fue, comenzó a comer de nuevo y ya no estuvo triste.

Temprano a la mañana siguiente, la familia se levantó y una vez más fue a adorar al Señor. Después regresaron a su casa en Ramá. Ahora bien, cuando Elcana se acostó con Ana, el Señor se acordó de la súplica de ella, y a su debido tiempo dio a luz un hijo a quien le puso por nombre Samuel, porque dijo: «Se lo pedí al Señor» (1 Samuel 1:1-20, NTV).

El capítulo uno del primer libro de Samuel expone y demuestra cómo la vida de este gran profeta estuvo directamente relacionada con una oración. Su padre Elcana tuvo varias esposas. (Después de leer la narración, entiendes aún más por qué Dios solo quiere que tengas un cónyuge). Había mucho drama en la familia con tantas esposas. Podría haber sido un reality show.

Su esposa Penina fue bendecida con muchos hijos, lo cual era la marca de bendición en ese tiempo, y por lo tanto Elcana la llenó de regalos. Penina tenía todas las bolsas de marca que salían a la venta. Ella tenía las cosas que ni siquiera puedes comprar en la tienda. Si hubiera habido redes sociales en su día, habría sido una influencer. Me refiero a que ella era la envidia de todos.

Y luego estaba Ana. Ella era a quien la gente miraba y decía «el Señor la bendiga», no «el Señor la ha bendecido». Una de las esposas parecía tener el matrimonio perfecto, los hijos perfectos, todo le salía bien. Ella era el epítome de la bendición. Y luego estaba Ana sin nada. Todo lo que deseaba era un niño, pero no recibía lo que había estado anhelando.

La Biblia dice que iban a Silo año tras año para adorar a Dios. Penina aparecería con todas sus bendiciones y sus hijos. Ella era como la mujer que deja su huella cuando entra en la conferencia de la iglesia, se hacía notar. En cambio, Ana solo estaba feliz de estar allí y esperaba que la gente no se diera cuenta de lo que no tenía. La Biblia dice que año tras año era lo mismo.

Como si no fuera suficiente que Penina haya sido bendecida, ella encima ridiculizaba a Ana. Se burlaba de ella y la hacía llorar. Ana estaba triste e incluso amargada por lo que no tenía.

La Biblia dice en el versículo 8 que Elcana se acercó a ella un día y le dijo: «Me tienes a mí, ¿acaso no es mejor?» Si estás casado o casada, solo piénsalo por un minuto. Su esposo se acercó a ella y le dijo: «Amor, ¿no soy mejor que cualquier cosa que hayas estado creyendo que recibirías? ¿No soy mejor que tener hijos? Soy suficiente. ¿Verdad?».

Elcana tenía buenas intenciones. Él amaba a Ana, pero no la comprendía. No entendía su fe ni su dolor. Todo el mundo tiene un Elcana en su vida. Las personas como Elcana son aquellas que tratan de convencerte de que dejes de creer que recibirás lo que esperas de Dios. Ellas apagan tu fe; son cínicas y simplemente no lo entienden. Si no tienes cuidado, te convencerán de que no luches por obtener lo mejor que Dios tiene para tu vida. Son los que te dicen: «¿Sabes qué? Cálmate un poco. ¿Por qué no estás satisfecho o satisfecha con lo que tienes? ¿Por qué no estás bien dónde estás?».

Ana tuvo que soportar tanto las burlas de Penina como la falta de fe de Elcana; y como si eso no fuera suficiente, el sumo sacerdote, el espíritu de la religión, estaba tratando de silenciarla: «Señora, no es necesario que haga todo eso».

> Una de las razones por las que la sociedad se encuentra en la situación actual es porque la Iglesia dejó de orar.

Creo que actualmente en nuestra cultura, estamos luchando contra estos tres espíritus: el espíritu de la burla y el espíritu del cinismo, que tratan de apagar nuestra fe, y el espíritu de la religión que nos dice que no es necesario que hagamos todo eso. No tienes que orar de la manera en que oraron tus padres. No hace falta que ayunes como ellos solían hacerlo. No tienes que ser tan devoto ni tan consagrado como ellos. Pero te digo, el diablo es un mentiroso. Una de las razones por las que la sociedad se encuentra en la situación actual es porque la Iglesia dejó de orar.

Para ser honesto contigo, he tenido mis luchas con el Señor al tratar de entender lo que sucedió en esta temporada con la enfermedad. En mi opinión, deberíamos haber tenido la victoria sobre el virus mucho antes. Tendríamos que haber echado fuera ese virus con oración y haberlo enviado de regreso al pozo de donde salió. Esa es mi opinión. He tratado de comprender cómo los hijos e hijas espirituales de A.A. Allen, Oral Roberts y R.W. Schambach —criados en los movimientos de la voz de sanación, la palabra de fe y Pentecostés—, no pudieron alcanzar la victoria antes. Nuevamente, sentí ese sutil y conocido llamado de atención del Espíritu Santo que me decía: «¿Recuerdas cuando esto sucedió con mis discípulos, y tuve que ocuparme del asunto; luego ellos vinieron y me preguntaron: "¿Por qué nosotros no pudimos echarlo fuera?". Entonces Jesús les respondió: "(...) este género no sale sino con oración y ayuno"» (Mateo 17:19-21 RVR1960).

No oramos lo suficiente. Los espíritus de hoy, sólo podrán ser expulsados con oración y ayuno. Necesitamos una Iglesia que tenga el poder y la autoridad del Espíritu Santo para decir: «¡Aléjate de mí, Satanás!». Y cuando lo diga, el diablo no se ría, sino que responda: «Sí señor, sí señora», y huya.

Quisiera, por un momento, hablarle a aquellos que están leyendo este libro y que se identifican con Ana. Eres estéril. Mientras que la Ana de la Biblia era físicamente estéril, tu esterilidad podría estar relacionada con el ministerio o con los negocios.

No tienes lo que otras personas tienen. Tu amigo o tu amiga comenzó un negocio y tú también comenzaste uno. El suyo está prosperando, pero el tuyo no. Tu amigo o tu amiga se casó y tú todavía estás esperando, y has visto a todos los demás ser bendecidos. Todos los demás tienen lo que tú anhelas. Año tras año, sirves a Dios y es la misma historia. El ministerio de todos los demás está prosperando. El matrimonio de todos los demás está muy bien. Los hijos de todos los demás parecen perfectos. A todos los demás les va muy bien, pero tú estás atascado. Todos los demás van de gloria en gloria, pero tú no has avanzado.

> Necesitamos una Iglesia que tenga el poder y la autoridad del Espíritu Santo para decir: «¡Aléjate de mí, Satanás!». Y cuando lo diga, el diablo no se ría, sino que responda: «Sí señor, sí señora», y huya.

¡Gracias a Dios, Ana no dejó que las críticas de Elcana y la burla de Penina la disuadieran de seguir orando y creyendo! Yo diría que, si ella hubiera cedido y dejado de orar, la historia de Israel hubiera sido muy diferente. Solo piénsalo por un momento. Si ella hubiera cedido y dicho: «¿Sabes qué? Tienes razón. No necesito un hijo, no lo necesito. Tú eres suficiente. Voy a dejar de orar»; entonces Samuel no

habría nacido. Sin Samuel no habría habido nadie que escuchara la voz de Dios y se la transmitiera al sumo sacerdote, Elí. Si Samuel no hubiera existido nadie habría levantado la voz de profeta para ayudar a Israel a recuperar el Arca de la Alianza y nadie habría ungido al rey David. ¿Entiendes las implicancias? La perseverante vida de oración de una mujer cambió la historia de Israel. Ana decidió dejar de llorar y de quejarse por su situación y tomó la iniciativa de *orar* por ello.

Podría decirse que 1 Samuel 1:9 cambia la historia de Israel; allí dice: «*Una vez...*». Si bien Ana, lloró, se amargó y fue lastimada muchas veces, hubo *una vez* que se levantó y oró, diciendo: «Oh Dios, contesta mi oración; dame un hijo».

> La perseverante vida de oración de una mujer cambió la historia de Israel.

Aquí hay una diferencia entre Ana y muchos de nosotros. Si bien, Ana estaba angustiada, lloraba y estaba amargada, ella oró. En la vida vamos a sufrir. Es así. La vida nos lastima a veces. Todos tienen situaciones, problemas y razones para estar amargados y llenos de dolor, angustia y sufrimiento. Pero es lo que haces con esos sentimientos lo que marca la diferencia. Lo que he aprendido acerca de Dios es que Él ve nuestro dolor y nuestra angustia. Él ve lo que nos sucede; sin embargo, la Biblia nos enseña que Dios únicamente responde a nuestra oración. Él no responde a nuestras lágrimas. Él no responde a nuestro dolor. Él no responde a nuestra angustia. Tenemos que presentárselo todo a Dios en oración porque la oración eficaz y ferviente del justo es poderosa (ver Santiago 5:16). Ana tomó las heridas de su vida, el menosprecio, la crítica de Elcana y la burla de Elí, y los convirtió en una vida de oración.

Sin dudas hay alguien como Ana leyendo este libro, con el potencial de ser un gran hacedor de avivamiento, que necesita saber que está muy cerca de tener un avance en el área espiritual. ¡No dejes de orar, no permitas que nadie ni nada apague tu fe!

No se preocupen por nada; en cambio, oren por todo (Filipenses 4:6 NTV).

1 Samuel 1:19 (NTV) dice: «(...) el Señor se acordó de la súplica de ella». No dice que el Señor se acordó de sus lágrimas, ni de su dolor ni de su tristeza, sino que el Señor se acordó de su oración.

Así que para aquellos como Ana que están leyendo este libro, ésta es la palabra del Señor para ustedes. Has visto a todos los demás ser bendecidos y prosperar, ves que a todos los demás les va muy bien. Has estado esperando, observando, llorando y anhelando; te has sentido angustiado, confundido y perplejo, y a veces te has preguntado qué hacer.

Ora. Ora sin cesar. Ora hasta que la amargura desaparezca. Ora hasta que ya no puedas hablar en tu lengua materna y comiences a orar en el Espíritu. Ora una y otra vez hasta que Dios conteste tu oración. Y te prometo que cuando Dios escuche tu oración, la honrará, la recordará y la responderá.

> ¿Y si estás a una oración de distancia de tu milagro?

¿Y si estás a una oración de distancia de tu milagro?

Hacedores de avivamiento, volvamos a tener una vida de oración que sacuda la tierra y traiga el cielo a donde estamos.

LA SANTIDAD PROTEGE EL AVIVAMIENTO

Lamentablemente, no hay manera de hablar del tema de la santidad sin que se vuelva controvertido. Como dicen, toda moneda tiene dos caras, y quiero intentar hablar sobre ambas caras aquí. Un espíritu de «todo vale» ha afligido a la iglesia moderna. Tal vez sea solo la consecuencia del efecto péndulo que nos ha llevado desde el legalismo extremo en el pasado hasta el liberalismo extremo de hoy, pero debemos regresar a un punto de verdadera santidad bíblica que sea agradable y aceptable para el Señor.

Al levantarnos como hacedores de avivamiento, Dios nos eligió para ser la imagen visible de nuestro Dios invisible ante el mundo. Cuando tus vecinos te ven, ven a Jesús, o al menos esa es nuestra esperanza. Cada hacedor de avivamiento tiene la responsabilidad de no vivir solo para sí mismo. Tu vida es un sacrificio vivo que testifica de la gloria de nuestro Dios a los que te rodean. Sin embargo, la forma en que vivas tu vida le hablará a los que te rodean de la eficacia del Evangelio. Además de eso, nuestra principal responsabilidad es con nuestro Señor y Salvador. No podemos faltarle el respeto al sacrificio del Calvario y deshonrar la sangre del Cordero llevando vidas indisciplinadas. Hay un nivel de rectitud que el Señor espera que mantengamos y respetemos en nuestras vidas.

> Tu vida es un sacrificio vivo que testifica de la gloria de nuestro Dios a los que te rodean.

Si bien no creo que sea práctico de mi parte mencionar todos los problemas que afectan la santidad, antes de continuar, sí quisiera hablar sobre uno en particular que aflige mi corazón. La aceptación del alcohol en la iglesia llena del Espíritu ahora está muy extendida, y creo que ha abierto puertas que nunca tuvimos la intención de abrir. Puedo contar historias de predicadores a los que no se les permitió subir a su próximo vuelo debido a su estado de ebriedad. Conozco ministros que se reúnen para tomar algo después de un «culto exitoso» e incluso incursionan en otros vicios, con la excusa de aliviar el estrés. No creo que Dios esté complacido con esto y, más aún, creo que Él ha traído juicio sobre nosotros.

Quiero dejar en claro que no estoy escribiendo esto desde una postura de perfección, sino más bien desde la intención de complacer a mi Dios. Si bien estamos de acuerdo en que no existe una prohibición bíblica oficial contra las bebidas alcohólicas, ciertamente la hay contra la ebriedad. Hay un límite difuso y controversial cuando se plantea la pregunta: «¿Qué es estar ebrio? ¿Estar «alegre» es lo mismo?» Personalmente, creo que la mejor práctica es simplemente abstenerse del alcohol.

Recientemente, sentí que el Señor me habló con respecto a la bebida. Me impactó lo suficiente como para considerar que era necesario dedicar una parte de este capítulo específicamente a este tema. Esto es lo que Dios me dijo: «Tony, les he dado a mis hijos vino nuevo; sin embargo, parecen desear más su vino que el mío. Me duele el corazón al ver que prefieren su vino antes que el mío. Cuando beben del vino nuevo, hay un gozo indescriptible y lleno de gloria, sanación y vida. Pero su vino los lleva a la muerte».

Quisiera reiterar que esta es mi convicción, y tal vez tú opines distinto sobre el tema. Por lo tanto, debes seguir la guía de Cristo. Pero debemos ser honestos y admitir que el comportamiento o el estilo de vida que una vez se consideró apropiado para el ministerio, de hecho, hoy en día ya no existe. La conducta actual no se alinea con los mandatos de Dios para sus sacerdotes en el Antiguo Testamento ni con el ministerio quíntuple en el Nuevo Testamento.

Tengo amigos y conocidos que han abandonado sus ministerios, a sus familias y sus matrimonios debido al pecado. Nunca tuvieron la intención de llegar a eso, pero hubo un punto de entrada, una puerta que se abrió. Creo que una de esas puertas que deberíamos plantearnos volver a cerrar por completo es la de la bebida. Antes de que me acuses de juzgar, considera por qué soy tan apasionado al respecto. Estuve en un vuelo de larga distancia al otro lado del mundo hace varios años. Las azafatas estaban repartiendo champán y mimosas a todos en nuestra cabina.

> Tengo amigos y conocidos que han abandonado sus ministerios, a sus familias y sus matrimonios debido al pecado.

Cuando me ofrecieron una copa, me sentí obligado a aceptar y estaba listo para hacerlo cuando Dios me habló. Lo escuché preguntarme: «¿Ya no hay nada a lo que tengas que renunciar por mí? ¿Puedes simplemente hacer lo que quieras y vivir como quieras? ¿Ya no hay nada sagrado para ti?».

Rápidamente solté la copa y la dejé en la bandeja. Tengo una fuerte convicción hasta el día de hoy, una convicción que no nace de un libro de reglas ni de una tradición familiar, sino que Dios la puso en mí. Damas y caballeros, ¡Dios todavía está hablando! ¿Estás prestando atención a lo que Él quiere que hagas o que no hagas? Ruego que podamos escuchar la voz de Dios, no a través del portavoz de una denominación o del sonido de aprobación o de desaprobación de la familia, sino que podamos escuchar la verdadera voz de Dios que le habla a cada persona.

Quiero que mi vida agrade a Dios. Hay límites de protección que todo creyente debe tener en su vida. Eso no significa que todos los asuntos sean salvíficos, pero sí significa que estoy tratando de honrar al Señor en cada área de mi vida, no para evitar el infierno, sino simplemente para complacerlo.

> Dios no exige mucho de nosotros, pero sí exige que aspiremos a una vida santa.

En el próximo capítulo leerás sobre la necesidad de *vivir preparado*, así que no quiero ser redundante, pero en aras de esta argumentación sobre la santidad, Dios le ha mostrado a su novia infinita misericordia y gracia. Él nos ha dado la oportunidad para limpiar nuestras vidas y hacer las cosas bien, y estoy seguro de que continuará haciéndolo. Pero es hora, Iglesia, es hora de hacer las cosas bien.

Sabemos demasiado, hemos escuchado y leído demasiado como para estar jugando con nuestra salvación. Dios no exige mucho de nosotros, pero sí exige que aspiremos a una vida santa.

Necesitamos nacer de nuevo. Todo el tercer capítulo del libro de Juan es un sermón en sí mismo. Es comúnmente enseñado y predicado dentro de las iglesias llenas del Espíritu y, de hecho, narra una conversación que tuvo lugar cuando un líder religioso llamado Nicodemo se reunió con Jesús una noche. Nicodemo estaba asombrado de los milagros y las maravillas que Jesús había hecho. Se dio cuenta de que había algo especial en Jesús y que debía ser más que un simple hombre; sin embargo, esto iba en contra de lo que se le había enseñado a Nicodemo.

Una vez más, vemos el conflicto que el espíritu de la religión causa en aquellos que están en la búsqueda de Dios. Nicodemo se dio cuenta de que había más de lo que le habían enseñado, pero para tener acceso a ello, debía abandonar ciertas áreas de su religión. Esto podría haberle costado su familia y sus amigos. El riesgo era tan grande que no se reunió con Jesús de día, sino más bien al amparo de la noche. Nicodemo estaba en la búsqueda de Dios, tanto así que incluso estaba dispuesto a ir en contra de las normas religiosas de su familia y de su comunidad. En esta reunión secreta, Jesús le mencionó la necesidad de nacer de nuevo.

La historia se vuelve interesante porque esta declaración de Jesús dejó a Nicodemo estupefacto. La frase «*nacido de nuevo*» es común para nosotros *ahora,* pero en el momento en que Jesús le dijo eso a Nicodemo, era la primera vez en las Escrituras que se usaba esa frase. Así que fue un shock para Nicodemo cuando Jesús le dijo «tienes que nacer de nuevo». Ni siquiera tenía sentido. No podía procesar ni comprender lo que Jesús le estaba diciendo.

A veces desearía que pudiéramos escuchar grabaciones en vivo de estas historias bíblicas porque me encantaría oír la emoción y la reacción en la voz de Nicodemo a lo que debe haber sonado como una propuesta absurda de parte de Jesús: «nacer de nuevo». Nicodemo preguntó, tal vez sarcásticamente: «¿Cómo puede uno nacer de nuevo siendo ya viejo? ¿Acaso puede entrar por segunda vez en el vientre de su madre y volver a nacer?».

Jesús le explicó: «Yo te aseguro que quien no nazca de agua y del Espíritu no puede entrar en el reino de Dios» (ver Juan 3:5). Nosotros entendemos lo que eso significa. Si estás leyendo y ya has nacido de nuevo, ¡por favor permite que el evangelista que hay en mí se tome un momento y le dé a alguien más la oportunidad de entrar en el Reino!

> Me encantaría oír la emoción y la reacción en la voz de Nicodemo a lo que debe haber sonado como una propuesta absurda de parte de Jesús: «nacer de nuevo».

Si por casualidad eres un Nicodemo que ha comenzado a leer este libro y no has nacido de nuevo, por favor déjame explicarte lo fácil que es. Humildemente te digo lo mismo que Jesús le dijo a Nicodemo: «Tienes que nacer de nuevo».

No es suficiente solo decir: «Me agrada Jesús y estoy de acuerdo con sus enseñanzas». Se necesita una respuesta de nuestra parte. Jesús nos animó en Juan 3:5 a nacer del agua y del Espíritu: nacimiento humano y nacimiento espiritual. Nuestro renacimiento espiritual es en respuesta a la obra terminada del Calvario. Cuando la gente preguntó en Hechos 2 «¿Qué haremos?» en respuesta al sermón de Pedro, él les respondió: «Arrepiéntase y bautícese cada uno de ustedes en el nombre de Jesucristo para perdón de sus pecados».

Entendemos que la obra de salvación comienza con la fe en Cristo, pero no termina allí. Continúa al arrepentirse y alejarse de un estilo de vida pecaminoso. Así, como consecuencia de nuestro arrepentimiento y de nuestra fe en Cristo, sentimos la necesidad de identificarnos con Cristo a través del bautismo en agua. Cuando somos bautizados y pasamos a formar parte del cuerpo de Cristo, tenemos la promesa del Padre: el Espíritu Santo.

Una vez un hombre me preguntó cuántos pasos creía yo que debían seguirse para que una persona fuera salva. Por supuesto, la pregunta fue planteada por un hombre religioso que intentaba hacer que yo le diera una respuesta que luego él pudiera usar en mi contra. Le respondí: «Bueno, ¡eso depende de cuánto tiempo vivas!». Jesús no te llamó a seguir una serie de pasos; Él te llamó a caminar con Él. Se empieza con la fe y luego se pasa al arrepentimiento, el bautismo en agua y el bautismo del Espíritu; ¡sin embargo

> La obra de salvación comienza con la fe en Cristo, pero no termina allí.

tampoco termina allí! ¡El proceso continúa mientras damos pasos de victoria, de prosperidad y de santidad, hasta que un día suene la trompeta y dejemos de caminar con Jesús para encontrarnos con Él en las nubes!

Así que, si bien el nuevo nacimiento es una gran promesa, debemos darnos cuenta de que allí no termina todo. ¡Es tiempo de vivir *para* y *en* Cristo! ¿Te imaginas si los bebés nacieran y se quedaran en la sala de maternidad? El bebé no nace simplemente para nacer; nace para vivir una vida plena. Lo mismo sucede en el Reino de Dios. Un alma es más que simplemente un número que usamos para celebrar nuestros éxitos en la tarea de alcanzar al mundo con el Evangelio. Un alma merece que se la discipule y que se le dé la oportunidad de tener la comunión con Cristo que Adán y Eva perdieron en el Jardín del Edén.

Hay más. La Biblia nos llama a vivir como un sacrificio vivo, *santo* y agradable a Dios. Las Escrituras dicen en el libro de Hebreos: «Busquen la paz con todos, y la santidad, sin la cual nadie verá al Señor» (Hebreos 12:14). El Antiguo Testamento proclama: «Sean santos, porque yo, el Señor su Dios, soy santo» (ver Levítico 11:44-45; 19:2; 20:7, 26).

He escuchado sermones, enseñanzas y conceptos acerca de la santidad desde que tengo memoria. Dependiendo de cuánto tiempo hayas sido cristiano, sospecho que también tú has oído hablar de la santidad. Muchas veces, la santidad se presenta como algo negativo y religioso. Se piensa que la santidad no es más que seguir una serie de normas religiosas, que es sinónimo de legalismo; como si tuviéramos una planilla de puntuación religiosa para que otros juzguen si somos realmente buenos o si no somos lo suficientemente buenos en el reino de los cielos.

Si somos honestos, la planilla de puntuación que tenemos normalmente no la usamos para nosotros, sino para los demás. Juzgamos la salvación de los demás simplemente basados en la ropa que usan o el estilo que tienen. La realidad es que la religión ha reducido la santidad a algo que no condice con lo que las Escrituras dicen. La Biblia describe la santidad como algo hermoso. Cualquier representación de la santidad que incluya juicio y condenación no es la verdadera imagen de la santidad. La santidad es la naturaleza

> Muchas veces, la santidad se presenta como algo negativo y religioso; como si tuviéramos una planilla de puntuación religiosa para que otros juzguen si somos realmente buenos o si no somos lo suficientemente buenos en el reino de los cielos.

de Cristo. No es una mera lista de reglas. Yo diría que la verdadera santidad es todo lo contrario a una serie de reglas religiosas establecidas por el hombre.

La santidad no es sinónimo de perfección. Al estudiar las Escrituras y leer tu Biblia, encontrarás hombres y mujeres de Dios que fueron considerados santos por Dios, aunque tuvieron problemas y atravesaron situaciones difíciles en sus vidas. Si bien cometieron errores en sus vidas, ellos amaban a Dios lo suficiente como para reconocer su pecado, arrepentirse, alejarse de él y, lo más importante, buscar refugio en la santidad de Dios. En otras palabras, reconocieron sus deficiencias y los errores que cometieron. Confesaron sus faltas y fueron conscientes de que había muchas razones por las que Dios podía estar decepcionado con ellos o alejarse de ellos. Sin embargo, el clamor de sus corazones era enmendar, corregir y rectificar las cosas que no estaban bien en ellos para poder acercarse a Dios.

El camino hacia la santidad no se trata de concentrarse en *lo que* estás dejando atrás, sino en la persona *a quien* te estás acercando. Camino en santidad para acercarme más a Jesús, y cuanto más me acerco a Él, más soy hecho a su imagen. Cuanto más soy perfeccionado por el Espíritu, más me parezco a Cristo. Y un día, aunque no sucederá aquí en la tierra, un día en este camino de búsqueda de Cristo, la trompeta va a sonar, el cielo se abrirá en el oriente, los muertos resucitarán y vamos a encontrarnos con Él entre las nubes. Y cuando lleguemos a ese lugar bendito, seremos santos como Cristo, porque lo buscamos a Él, y al buscarlo a Él también buscamos imitar su carácter. Él nos sacó del mundo y nos llamó a su luz admirable para que pudiéramos presentar nuestra vida como un sacrificio agradable. La santidad es simplemente tratar de que nuestra vida agrade al Señor.

Uno sabe que un matrimonio está en problemas cuando es necesario hacer énfasis en los límites obvios que deberían respetarse en el matrimonio. ¿Te imaginas estar casado y hablar día tras día sobre la importancia de no engañar a tu cónyuge? Yo diría que tu matrimonio está en crisis si ese fuera el caso. Hay lineamientos obvios para el matrimonio, pero el énfasis debe estar puesto en cultivar la relación de intimidad el uno con el otro. Al unirse, el énfasis no está puesto en las reglas, sino en la relación.

> El camino hacia la santidad no se trata de concentrarse en lo que estás dejando atrás, sino en la persona a quien te estás acercando

¿No debería suceder lo mismo en nuestra relación con el Señor? La religión ama las normas y las reglamentaciones. Dios le dio a Moisés diez mandamientos, pero para cuando Moisés terminó de predicar a Israel, había más de 600 reglas adicionales. Nuestro énfasis incesante en la religión normativa muestra que no confiamos en el Espíritu Santo, porque si realmente creyéramos en el poder del Espíritu de Dios, confiaríamos en que Él es quien guía a las personas a «toda verdad», como proclaman las Escrituras.

Algunos pensarán: «¡Tony, es necesario que la gente viva de manera correcta!». Estoy de acuerdo, pero hay algo superior a las normas religiosas: es la convicción de aquel que está tan enamorado de Jesús y tan involucrado en su relación con Cristo que vive para complacerlo. La religión y el legalismo nos enseñan a vivir como si camináramos sobre cáscaras de huevo para no hacer enojar al Señor y evitar que nos castigue. Esa es una forma patética de vivir. Yo no vivo con temor a la ira de Dios, sino que vivo en la plenitud de su gozo y de su amor. Quizás alguno de mis lectores pueda pensar que este argumento contradice mi advertencia anterior con respecto a la bebida. Yo les

> Al unirse, el énfasis no está puesto en las reglas, sino en la relación.

respondería que no es así, si consideran la intención detrás de esa advertencia. Mi intención no es condenar a nadie, sino hablar desde un lugar de convicción personal y humildad. Quiero que hagamos todo lo posible para mostrar a Jesús al mundo y para proteger nuestras vidas y nuestros hogares de las artimañas del enemigo.

Hemos criado generaciones de teólogos inicuos que pueden citar las Escrituras y conocen de Dios, pero la verdad es que no conocen a Dios. Saben sobre Él, pero no lo conocen: saben todo lo que se debe y lo que no se debe hacer según sus creencias religiosas, pero no conocen el mismísimo carácter de Dios. Conocen los dogmas de la religión, pero no conocen a la persona de Dios. La santidad no se trata tanto de abandonar o dejar de hacer ciertas cosas, sino de revestirse de Cristo; se trata de lo que podemos hacer. Podemos servir al Señor. Podemos vivir en el reino de los cielos. Podemos ser parte del cuerpo de Cristo. Podemos ser redimidos, restaurados y recibir el favor de Dios y la bendición del cielo. Eso es la santidad para mí. La santidad hace que el favor de Dios venga sobre mí y que me inunde de bendiciones dondequiera que vaya.

Un pastor amigo mío de Los Ángeles llamado David Zúñiga dijo lo siguiente: «Cuando el enemigo ya no pueda usar las cosas de este mundo para atarte, comenzará a usar la religión. Comenzará a usar cosas de la iglesia; a él no le importa lo que sea que te ate, siempre y cuando te tenga atado de modo que seas ineficaz, siempre y cuando estés derrotado y camines con la cabeza baja. No le importa lo que tenga que hacer siempre que logre tenerte atado». El enemigo ha utilizado el tema de la santidad para atar a la gente. Sé que eso no parece posible y que quizás al leer lo que acabo de decir pienses: «Me parece que hay un error de redacción que Tony no corrigió. Eso suena raro». Pero no, es exactamente lo que quise escribir. El enemigo ha manipulado y distorsionado un mensaje de bendición para impedir que las personas sirvan al Señor. Él ha tratado de hacer que la santidad parezca algo negativo para que huyamos de la casa de Dios y no busquemos tener una relación con Él. Ha hecho que la santidad parezca un yugo insoportable de llevar; e intenta que pensemos que nunca seremos lo suficientemente buenos ni capaces, que nunca podremos alcanzarla.

Esto es completamente lo opuesto al mensaje de la cruz, al mensaje del evangelio de Jesucristo. Obviamente, si crees que puedes alcanzar la santidad por tus propios medios, entonces ya estás delirando. No puedes hacerlo. No hay nada que puedas hacer, no hay nada que puedas dar ni nada que puedas sacrificar para alcanzar la salvación ni la santidad. Pero la buena noticia es que no hace falta que lo hagas. Jesús ya pagó el precio para que pudieras caminar en su santidad.

La santidad no es un yugo que debas soportar; no es deprimente. Si hay una práctica en tu vida a la que llamas santidad y la sientes como un yugo y una carga, afirmo

> La santidad no es un yugo que debas soportar; no es deprimente; es una bendición.

humildemente que solo se trata de eso: una carga impuesta por el hombre. La santidad no es un yugo, es una bendición. Es libertad, no restricción.

Hace varios años sentí que el Señor me habló y me dijo: «Recuérdale a mi pueblo cómo están posicionados. Recuérdales que voy delante de ellos». Está escrito: «Si Dios está de nuestra parte, ¿quién puede estar en contra nuestra?» (ver Romanos 8:31). Dios también me dijo: «Recuérdales que la bondad y el amor los siguen y que mis ángeles los rodean».

Entonces le respondí al Señor: «¿Por qué la bondad y el amor van detrás de nosotros?"

Él me respondió: «La bondad y el amor van recogiendo todo lo que mis hijos perdieron en el camino».

Si tienes hijos puedes entender lo que hacen la bondad y el amor. Me gusta ver a los padres con hijos pequeños. ¡Siento nostalgia de cuando mis hijos eran pequeños y, a la vez, estoy agradecido de haber pasado esa etapa!

Estaba en uno de los juegos de pelota de mi hijo observando a los padres de los niños pequeños corriendo por todo el lugar. Sus hijos dejaban caer juguetes, tazas, comida e incluso mantas, y los padres simplemente caminaban detrás de ellos, y recogían cada cosa. Los niños no eran conscientes de lo que estaban perdiendo en el camino, y si no hubiera sido por sus padres que recogieron todo, ¡esos objetos se habrían perdido para siempre!

> La bondad y la misericordia van detrás de ti porque alguien pagó el precio por esa unción, ese ministerio, ese llamado, esas bendiciones que tienes, tú no pagaste el precio por todo esto, pero Dios te amó tanto que dio lo mejor de sí. Él dio a su Hijo unigénito.

Los niños no tienen idea de cuánto cuestan las mantas ni los juguetes que pierden fácilmente. Ellos no tuvieron que pagar el precio, por lo cual no siempre sienten la misma responsabilidad por esos objetos. Pero los padres que todavía están pagando las facturas de las tarjetas de crédito llenas de artículos para niños piensan: «Sé que eso cuesta $ 12.99 y eso cuesta $ 2.99 y eso cuesta $ 24.99. Así que, aunque lo dejes caer, yo lo voy a recoger porque pagué por él y sé que lo vas a querer más tarde».

La bondad y la misericordia van detrás de ti porque alguien pagó el precio por esa unción, ese ministerio, ese llamado, esas bendiciones que tienes, tú no pagaste el precio por todo esto, pero Dios te amó tanto que dio lo mejor de Sí. Él dio a su Hijo unigénito. Y debido a que Él pagó el precio, te dice: «No sólo no voy a dejar que pierdas todo esto, tampoco permitiré que el enemigo les quite a mis hijos lo que les pertenece». Así que la bondad y el amor van detrás de ti. Si caminas en santidad, complaciendo al Señor, el Padre va delante de ti, la bondad y el amor van detrás de ti y los ángeles del Señor te rodean. Ahora entiendo por qué la Biblia dice que «no prevalecerá ninguna arma que se forje contra ti» (Isaías 54:17).

Las enseñanzas humanas sobre la santidad incentivan y promueven un falso evangelio (que no proviene de Dios) basado en el desempeño. Recuerdo un torneo de béisbol en el que mi hijo Kohl jugó, no mucho tiempo después de que perdiéramos a su madre a causa del cáncer. Era un torneo de béisbol del Día de la Madre, y sabía que provocaría una gran emoción. No estaba seguro de si mi hijo debería jugar, pero él insistió en que iba a jugar en memoria de su madre para hacerla sentir orgullosa en el cielo. Estaba nervioso por él solo de ver la presión que estaba ejerciendo sobre sí mismo para jugar como si ella estuviera en las gradas. Como te puedes imaginar, la presión terminó afectándole. Dejó caer una pelota aquí y allá y ponchó dos veces, pero ¿crees que eso es lo que publiqué en las redes sociales? ¿Crees que eso es lo que recuerdo de ese torneo? De ninguna manera. Publiqué las cuatro carreras bateadas, los dos dobles, el triple y algunos sencillos que bateó. Tengo videos de ambas bases robadas, incluso cuando sorprendió al equipo contrario al robar el plato y ganar el juego para nuestro equipo. ¡Tengo recuerdos de los aspectos más destacados!

Recuerda, puedo inspirarme en casi cualquier cosa para predicar un sermón, ¡incluido un torneo de béisbol!

Mientras veía jugar a mi hijo, pensé: «Así debe ser vivir para el Señor bajo la presión de la religión establecida por el hombre». Ponemos una presión malsana e innecesaria sobre nosotros mismos para vivir a la altura de un cierto estándar que no podemos alcanzar. La presión hace que dejemos caer la pelota y no estemos a la altura de las expectativas. No creo que nadie quiera deshonrar a Dios a propósito; queremos complacerlo. Pero al igual que un niño en un juego de pelota, a veces nos equivocamos. Muchas veces esta presión proviene de aquellos representantes de Dios que nos predicaron o nos enseñaron una religión basada en el rendimiento. Decimos: «No quiero decepcionar a Dios», pero en realidad no queremos decepcionar a ese representante, que puede ser nuestra familia, nuestros amigos, nuestro ministerio y cualquiera que nos haya llevado a pensar de esta manera acerca de Dios.

> Decimos: «No quiero decepcionar a Dios», pero en realidad no queremos decepcionar a ese representante.

¿Crees que mientras el juego estaba en curso o cuando terminó yo pensé, aunque sea por un minuto, en las cosas que salieron mal? ¡No! De hecho, cuando mi hijo dejó caer una pelota aquí y allá, noté que inmediatamente me miraba. ¿Qué estaba buscando? Aprobación y aceptación. Cada vez que me miraba, veía en mí al fanático más ruidoso y bullicioso de las gradas que le gritaba: «¡Está bien, Kohl! ¡Tú puedes! ¡Sigue así amigo! ¡No importa! ¡Olvídalo y sigue adelante!».

Oro para que te liberes de la presión de la religión competitiva, no bíblica y basada en el rendimiento. ¡Tu Padre celestial *te ama* y está orgulloso de ti! No está tan concentrado como tú en las bolas que dejaste caer. (Eso sí, nada de lo que estoy escribiendo tiene la intención de condonar el pecado, sino más bien de recordarte que no debes dejar que te paralice).

Tu Padre celestial te honra por representarlo y por defender la justicia en medio de una cultura injusta. Él celebra la bondad que demuestras en tu vida. Sé que cometiste equivocaciones y que has tropezado a lo largo del camino. Sé que hay ocasiones en que has pecado, pero quiero que sepas que en el álbum de momentos memorables del cielo no aparecen todos tus tropiezos y tus errores. La Biblia dice que Dios los arroja al mar del olvido. Y cuando el enemigo viene a acusarte, Él le contesta: «No sé de qué estás hablando». Él se jacta de ti de la misma manera en que tú te jactas de tus propios hijos; y al igual que tú sacas tu teléfono para mostrar videos y fotos, creo que Jesús saca su álbum celestial de recuerdos y dice: «Debes estar hablando de otra persona. Mira a mi hijo. Él ora, lee su Biblia y vive para Dios. Está haciendo lo mejor que puede. Este es mi hijo, estoy muy complacido con él».

> Tu Padre celestial te honra por representarlo y por defender la justicia en medio de una cultura injusta.

Creo que la verdadera búsqueda de la santidad no es para la adulación de los hombres y ni de los sistemas religiosos, sino más bien para escuchar esa misma voz que dijo de Jesús: «Este es mi hijo, estoy muy complacido con él». Creo que, si tú y yo buscamos a Dios, encontraremos la santidad que le agrada. Quiero que Dios esté complacido con mi vida. Quiero que Dios esté complacido con la forma en que vivo y en que hablo, con los lugares a los que voy, con las decisiones que tomo y con todo lo que hago. Quiero que Dios esté complacido. Y reconozco que, a veces, cometeré algún error y tomaré alguna mala decisión. Pero si quiero agradar a Dios, lo buscaré a Él y me esmeraré por buscar su santidad. El favor de Dios me seguirá si busco su santidad, aunque esta no sea la razón principal por la cual la busque. El favor del Señor abundará en mi vida.

Hay diferentes personajes de la Biblia que para mí se destacan en diferentes momentos y, de hecho, me sumerjo en sus vidas. Uno de ellos en los últimos años ha sido Daniel. Realmente no puedo identificarme con personajes como Melquisedec y Enoc. Me cuesta entender a cualquier personaje que sea tan perfecto, que no haya tenido que atravesar ninguna dificultad y que automáticamente se haya ido al cielo. Pero sí me identifico con personajes como David, Rahab y Sansón. Los entiendo.

Al estudiar la vida de Daniel, he comprendido mucho más acerca de mí mismo y de cómo debo tratar de caminar con el Señor. Este hombre fue sacado de lo que debería haber sido una tierra bendecida y fue llevado al cautiverio. Fue llevado a Babilonia y obligado a ser parte de una cultura que era completamente opuesta a lo que su fe le enseñó, y vinieron ataques contra él.

Conoces bien la historia, pero lo que me llama la atención en Daniel 6:4-5 es lo que sus enemigos y sus críticos tenían para decir sobre él. Los enemigos de Daniel, cuando hablaron de él, dijeron que era fiel, responsable y digno de confianza. Lo único que podían atacar era su fe. Daniel vivía una vida de santidad, integridad y honestidad a tal nivel que cuando sus enemigos querían atacarlo, no había ningún pecado oculto que pudieran sacar a la luz.

> Mientras vivas tratando de agradar a Dios, sin dejar ningún área que el enemigo pueda usar contra ti, lo único que él puede atacar es tu fe.

Ahora, no estoy insinuando que yo haya alcanzado el nivel de santidad de Daniel, ni mucho menos, pero desde que recibí esta revelación, mi oración diaria es: «Oh Dios, transforma mi mente, mi corazón, mi vocabulario, mis acciones. Dios, transforma todo en mí para que pueda complacerte de esa manera». Sé que suena ambicioso, pero quiero que en el infierno digan que Tony Suárez es fiel, es responsable y es digno de confianza. Cuando el enemigo decida atacarme, tendrá que decir, como los enemigos de Daniel, que lo único que puede atacar es mi fe. Está escrito que «vendrá el enemigo como río, mas el Espíritu de Jehová levantará bandera contra él» (Isaías 59:19 RVR1960).

Mientras vivas tratando de agradar a Dios, sin dejar ningún área que el enemigo pueda usar contra ti, lo único que él puede atacar es tu fe. Y si lo único que puede atacar es tu fe, hoy estás en una buena posición porque, desde la fundación del mundo, está escrito, declarado y establecido que eres más que vencedor por medio de Cristo Jesús y que «el que está en ustedes es más poderoso que el que está en el mundo» (1 Juan 4:4). Hoy eres un vencedor.

Quiero conocer a Dios. Quiero conocer el sonido del cielo y el idioma de mi Dios. Quiero ver lo que Él ve. Deseo conocerlo, caminar con Él, hablar con Él, escucharlo, y estoy dispuesto a hacer lo que sea necesario para que Dios esté complacido con mi vida.

Hay una vieja canción escrita por el incomparable Lanny Wolfe que encarna el anhelo de mi corazón en mi búsqueda de Dios:

Hay una voz que me llama desde un viejo y robusto madero

Y susurra: «Acércate a mí

Deja tu mundo atrás

Hay nuevas alturas que escalar

Y una nueva vida en mí encontrarás»

Porque para acercarme a ti, Señor

Estoy dispuesto a hacer lo que sea necesario

Y para ser más como tú

Haré lo que sea necesario

Llévate mis cosas más preciadas

Si eso es necesario para acercarme a ti

Permite que tenga decepciones

Y días solitarios en los que no brille la luz del sol

Si en el dolor me volveré más como tú

Cambiaré el sol por la lluvia, la comodidad por el dolor

Eso es lo que estoy dispuesto a hacer

Oh, lo que sea necesario para que mi voluntad se quebrante

Eso es lo que estoy dispuesto a hacer mi Señor

Eso es lo que estoy dispuesto a hacer

Lo que sea necesario para acercarme a ti, Señor

Eso es lo que estoy dispuesto a hacer

Lo que sea necesario para ser más como tú

Eso es lo que estoy dispuesto a hacer

Ese es el grito de mi corazón. Cueste lo que cueste, eso es lo que estoy dispuesto a hacer.

Como ya lo he mencionado, crecí en la iglesia, amo la iglesia, especialmente la iglesia pentecostal. Claramente no sigo todas las costumbres de las generaciones anteriores, pero para ser justos, tampoco esas generaciones siguieron todas las costumbres de la generación que las precedió.

Cada generación tiende a juzgar a la próxima generación por no hacer todo como ellos, olvidando que hubo gracia para ellos para cambiar y crecer. Si realmente nos apegáramos a todo lo que se nos enseña, yo no estaría bebiendo café mientras escribo este libro en mi computadora. Tu no tendrías una radio o un televisor para escuchar las alabanzas y la predicación del Evangelio, y no tomaríamos medicamentos para un dolor de cabeza. Pero nos basamos en Hebreos 6:1-3 y avanzamos hacia la madurez creciendo en Cristo.

Dicho todo esto, honro a nuestros fundadores y nuestra herencia. Debemos tener cuidado para no parecer irrespetuosos respecto de lo que nuestros predecesores solían predicar, solo porque quizás nosotros no lo prediquemos de la misma manera hoy. Esos hombres y mujeres santos hicieron lo que hicieron en su mayor parte porque querían agradar a Dios. A veces tal vez lo llevaron demasiado lejos, tal vez algunas de sus prácticas nos parecen innecesarias, pero debemos discernir las intenciones del corazón. Tenían este deseo ardiente: «Quiero agradar a Dios. Renunciaré a lo que tenga que renunciar. Dejaré de ir a los lugares que deba dejar de ir. Dejaré de hablar con quien deba dejar de hablar. Solo quiero agradar a Dios».

Dios te dio el bautismo del Espíritu Santo para que te guíe en tu camino. Estas son las buenas noticias de vivir en santidad: el Espíritu del Señor iluminará tu camino para que sepas por dónde debes caminar y por dónde no. Te dará la mente de Cristo para que sepas lo que debes hacer y lo que no. No estás solo en esto. Es necesario que el

Espíritu Santo reine en tu vida. Hebreos 10:16 dice: «Este es el pacto que haré con ellos después de aquel tiempo —dice el Señor—: Pondré mis leyes en su corazón, y las escribiré en su mente». Cada creyente lleno del Espíritu que se deja guiar por el Espíritu tendrá las leyes de Dios escritas en su corazón. Estarán en su mente. El Espíritu Santo te enseñará la diferencia entre el bien y el mal. Él nos vivificará y nos advertirá cuando caigamos en el error.

> El Espíritu del Señor iluminará tu camino, para que sepas por dónde debes caminar y por dónde no.

He sido bendecido con una madre piadosa. Fue misionera en Colombia y es madre apostólica para muchos. Ella ayudó a construir un orfanato en Etiopía, y sirvió fielmente al lado de mi padre durante casi 40 años, pastoreando en Chicago mientras construía muchas iglesias. Todavía viaja por el mundo predicando el Evangelio, y tiene el don de alcanzar a los jóvenes y ser una madre para ellos. Solía decirles a mis amigos del grupo juvenil: «Si mi mamá y mi papá son estrictos con ustedes y los corrigen, es porque realmente los aman. Los tratan como a Andrew y a mí porque los aman como si fueran sus propios padres».

Recuerdo que la pasión de mi madre era que los niños de la iglesia conocieran la Palabra de Dios. Ella nos enseñó a memorizar las Escrituras. Debíamos conocer la Palabra de Dios y el carácter de Dios. Debíamos conocer a Dios. Y como probablemente todos lo hemos hecho, a veces nos alejábamos, nos desviábamos del camino —así es como solíamos llamarlo en la iglesia—. Nos alejábamos de las cosas de Dios.

Recuerdo los testimonios específicos de dos jóvenes que se alejaron del Señor por un tiempo. Cuando regresaron y se pusieron a cuentas con Dios, testificaron lo mismo mientras las lágrimas corrían por sus mejillas. Ellos dijeron: «Cuando estábamos ahí afuera en el mundo, haciendo cosas que sabíamos que no debíamos hacer, la Palabra de Dios resonaba en nuestras mentes a través de la voz de la hermana Ana. Las enseñanzas de la hermana Ana resonaban en nuestros corazones y en nuestras mentes cuando tratábamos de hacer algo que no debíamos; era como si pudiéramos escucharla predicar: "Sean santos. Ustedes no pertenecen al mundo, sino que le pertenecen a Dios, pues Él ha pagado un precio por ustedes"».

Esa era la voz humana que se hacía eco de lo que dice la voz del Espíritu. Era la sangre llamándolos de vuelta a casa. La sangre de Jesús clama hoy en nuestro nombre que ese sacrificio no sea en vano, que la muerte en la cruz no sea en vano, que el azote no sea en vano, para que no perdamos la bendición del Espíritu Santo. En esto consiste la salvación y una vida bendecida: en buscarlo solo a Él.

LA ORACIÓN DE AVIVAMIENTO

Oh Dios, tu cuerpo hoy se presenta ante ti. Haznos santos, purifícanos y santifícanos. Transfórmanos en el cuerpo que tú deseas y que nos llamaste a ser. Dios, como tu Iglesia, consagrada como casa de oración, levantamos una oración colectiva de arrepentimiento. Nos arrepentimos, Dios, por hacer cosas indebidas y por permitir que el enemigo a veces nos distraiga de aquello en lo que deberíamos concentrarnos. Hoy te clamamos y te pedimos que nos santifiques. Te buscamos apasionadamente. Queremos complacerte. Queremos que esa misma voz que habló sobre Jesús diga de nosotros: «Este es mi hijo/Esta es mi hija, en quien estoy complacido».

> La sangre de Jesús clama hoy en nuestro nombre que la muerte en la cruz no sea en vano

Ahora, por la autoridad del Espíritu Santo de Dios y por el poder del nombre de Jesús, reprendo al espíritu de condenación que ha puesto sus garras en las mentes de ciertos creyentes, diciéndoles que nunca podrán vivir en santidad, que nunca podrán agradar al Señor, que nunca podrán vivir correctamente. Tomamos autoridad sobre ese espíritu y lo expulsamos en el nombre de Jesús de Nazaret. En el nombre de Jesús, tomo autoridad sobre todo espíritu de inseguridad y de insatisfacción que te impida perdonarte a ti mismo. Hablo por la autoridad del cielo y declaro que somos más que vencedores por medio de Cristo Jesús. Aleluya.

> ¡Tu Padre te está esperando en el cielo, no para juzgarte, sino para darte la bienvenida!

Hebreos compara nuestro caminar con Dios con una carrera, y hoy te recuerdo que esta carrera no se trata de quién la comienza; no la ganan los veloces; esta carrera se trata de quién la termina. ¡Tu Padre te está esperando en el cielo, no para juzgarte, sino para darte la bienvenida! Las primeras palabras que le vas a escuchar decir son: «¡Bien hecho!, ¡lo lograste!». Todo lo que importa al final del día es que lleguemos al cielo y que escuchemos al Padre decir: «Bien hecho, mi buen siervo fiel».

CAPÍTULO 7

LA GENERACIÓN DEL ARREBATAMIENTO: NUESTRA BENDITA ESPERANZA

He contado muchas historias de mi infancia en este libro —historias que quedaron grabadas en mi mente y que me convirtieron en el hombre que soy hoy—. Mi madre no nos permitía a mi hermano ni a mí salir de casa por la mañana sin antes orar. La diferencia entre mi hermano y yo generalmente era nuestro tiempo de arrepentimiento. ¡Mi hermano tenía una lista mucho más corta que la mía!

Nunca salíamos de mi casa sin tener nuestro momento de oración, incluso si eso significaba perder el autobús. El momento de oración era importante, y se nos enseñó a separar tiempo para ello todas las mañanas. Podríamos tratar de poner excusas, como: «Mamá, escucha, voy a perderme la clase o el partido. Tengo que tomar el autobús».

Sin embargo, mi madre en seguida respondía: «Bueno, vas a perderte la oportunidad de entrar al cielo si no oras». Eso suena extremo para algunos, pero valorar la oración y la lectura de la Biblia era parte de la disciplina *normal* de cada familia cristiana.

¡Mi madre se preocupaba más por nuestra salvación que por cualquier otra cosa! Todas las mañanas, Andrew y yo recitábamos los siguientes versículos de la Biblia antes de irnos a la escuela:

> Bienaventurado el varón que soporta la tentación; porque cuando haya resistido la prueba, recibirá la corona de vida, que Dios ha prometido a los que le aman. Cuando alguno es tentado, no diga que es tentado de parte de Dios; porque Dios no puede ser tentado por el mal, ni él tienta a nadie; sino que cada uno es tentado, cuando de su propia concupiscencia es atraído y seducido. Entonces la concupiscencia, después

que ha concebido, da a luz el pecado; y el pecado, siendo consumado, da a luz la muerte. Amados hermanos míos, no erréis (Santiago 1:12-16 RVR1960).

Cuando no daba lo mejor de mí, mi mamá enfatizaba especialmente los versículos 15 y 16. ¡Hubo momentos en que iba temblando a la escuela! ¡No quería perderme el arrebatamiento! ¡No quería irme al infierno!

Mientras crecía, cada canción y la mayoría de los sermones hablaban de la venida del Señor. Se hicieron películas sobre el regreso de Cristo. Existía un temor sano, un respeto necesario por la venida del Señor. Tratábamos de vivir preparados. Sabíamos que Él podía regresar en cualquier momento. Vivíamos como si la trompeta fuera sonar en cualquier instante. Así que, si pecabas, maldecías, etcétera, ¡debías arrepentirte rápidamente en caso de que la venida del Señor fuera ese mismo día!

> Tratábamos de estar preparados. Sabíamos que Él podía regresar en cualquier momento.

Incluso cuando éramos niños, se nos enseñaba a reflexionar sobre cada paso que dábamos y cada cosa que hacíamos. Creo que todos los que alguna vez han hecho algo malo recuerdan haber pesado: «¿Qué pasaría si mi papá se enterara? ¿Qué pasaría si mi mamá se enterara?». Pero hubo una generación que pensaba: «Oh, mi Dios, Jesús me está mirando. Él conoce cada uno de mis pensamientos, cada cosa que digo y sabe a cada lugar adonde voy».

Recuerdo que mis padres me dejaban en los eventos escolares y me advertían: «Recuerda que, aunque nosotros no estemos contigo esta noche, Jesús sí lo está. El Espíritu Santo está contigo y Jesús te está observando». Eso desarrolló en mí un temor reverente al Señor, un respeto por nuestro Dios. No era para intimidarnos y forzarnos a vivir en perfección, pues eso es imposible. ¡Era simplemente un recordatorio para que vivamos preparados!

> Estén alertas y tengan cuidado, porque si pudieran ver lo que está sucediendo en el cielo, creo que verían a Gabriel puliendo la trompeta.

Señoras y señores, la venida de Jesús sigue siendo inminente. Ya no oímos hablar tanto de ella, ¡pero los hacedores de avivamiento viven preparados para la venida del Señor!

Muchos parecen haber elegido pensar que el Señor no vendrá. Por lo tanto, viven como quieren. Todos queremos hacer nuestra voluntad, pero estoy aquí para amonestarlos. Estén alertas y tengan cuidado, porque si pudieran ver lo que está sucediendo en el cielo, creo que verían a Gabriel puliendo la trompeta.

Soy de los que opinan que Gabriel ya está preparado para hacer sonar la trompeta. Ya tiene los labios en la boquilla y está listo para hacerla sonar, pero la mano misericordiosa del Cordero de Dios ha tapado la campana de la trompeta del arrebatamiento y dice: «Todavía no. Todavía no. No hasta que mis hijos sean salvos. No hasta que sus cónyuges sean salvos. No hasta que rescate a uno más de las garras del pecado». Jesús le recuerda a Gabriel: «Yo no vine a condenar al mundo. No vine a ponerlos en el infierno. Fui a la tierra para traerlos al cielo. No hagas sonar la trompeta todavía. Aún hay más almas que salvar. Quiero hacer que el cielo se llene. Así que espera, porque todavía hay más personas que salvar».

Te escribo con la santa convicción de que queda poco tiempo. El cielo se está llenando de gente, y cada vez más naciones están recibiendo el evangelio, cumpliendo así lo que dice Mateo 24:14.

Como pueblo de Dios necesitamos vivir preparados, desde el converso más joven hasta el santo más anciano. No es momento de jugar, de dejarse influenciar por otras filosofías ni de darle la espalda a lo que sabemos que es verdad. Es hora de afirmar nuestros pies y predicar este evangelio, permanecer en esta verdad y estar preparados. Si bien los vientos soplan fuerte, no nos van a derribar. El cambio ha llegado, pero ya estamos consolidados y esperamos la venida del Señor.

> Es hora de afirmar nuestros pies y predicar este evangelio, permanecer en esta verdad y estar preparados.

Soy un evangelista del Señor Jesucristo y estoy obligado a predicar, escribir, recordarles y advertirles lo siguiente: Jesús regresará y, en mi opinión, no será en cientos de años ni en miles de años. Muy pronto va a sonar la trompeta y es mejor que estemos preparados. No tendremos excusa para decir: «Bueno, nadie me lo dijo, nadie me predicó, nadie me preparó». La advertencia y el aviso están en las páginas de este libro. Hacedores de avivamiento, deben prepararse y, si es necesario, ¡pónganse a cuentas con Dios porque Jesús viene pronto! Esta es la urgencia que obliga a los hacedores de avivamiento a predicar fervientemente, dar generosamente y ¡vivir como si no hubiera un mañana! ¡Estamos demasiado cerca de la venida del Señor como para ponernos a jugar ahora!

Me considero un estudioso del comportamiento humano. Me gusta ver cómo reacciona la gente.

Se puede decir mucho de una persona por sus reacciones. Recientemente conmemoramos el vigésimo aniversario del atentado del 11 de septiembre de 2001, y recordé cómo reaccionamos en ese momento de la historia. La mayoría de los que fuimos testigos de ese suceso, recordamos dónde estábamos ese día. Recordamos lo que estábamos haciendo cuando las Torres Gemelas fueron atacadas y posteriormente cayeron. Recuerdo que mi mamá me llamó. Yo acababa de despertarme para ir a trabajar. Trabajaba en una pequeña tienda de trajes y estaba por salir para allá cuando mi madre me dijo: «Antes de irte, es mejor que veas lo que está sucediendo en la televisión».

Nunca llegué a la tienda de trajes ese día. De hecho, no volví durante unos cuatro días porque todo se cerró. Los centros comerciales y los campos de juego estaban vacíos, pero había un lugar que estaba lleno: la casa de Dios. Independientemente de la denominación cristiana de la que se tratara, desde el católico hasta el protestante; incluso cada sinagoga, cada casa de fe de otras religiones estaba llena. Convocamos a un culto especial de oración ese martes por la noche y todavía puedo recordar la reacción de mi padre cuando salió al santuario. Recuerdo que mi padre salió caminando con la cabeza gacha y cuando levantó la vista se sorprendió porque nuestra iglesia estaba completamente llena un martes por la noche. Incluso habíamos tenido que colocar sillas plegables. Me refiero a que había gente en todas partes. Todavía recuerdo vívidamente lo que mi padre dijo. Tomó el micrófono y sus primeras palabras fueron: «Bueno, pensé que todos trabajaban los martes».

Nunca habíamos tenido una multitud como esa en un culto entre semana. La iglesia estaba llena; y así fue día tras día. La gente corría a la casa de Dios. Nos dedicamos a la oración y a la búsqueda de Dios. Durante este tiempo, nuestro Presidente se dirigió a la nación y nos dijo que para mostrarnos victoriosos frente a los terroristas que nos habían atacado, era necesario que volviéramos a la normalidad. Debíamos volver a lo que siempre hacíamos, a nuestra vida normal. De esa manera, le demostraríamos al enemigo que no ganó. No podíamos mostrarle que nuestras vidas habían sido afectadas por sus acciones.

> ¿Simplemente volveremos a la normalidad o nunca olvidaremos las lecciones que hemos aprendido?

Entendemos que su intención era ayudar a la nación en ese momento, pero desearía que las cosas no hubieran vuelto a la normalidad. En una semana, la iglesia se había vaciado de nuevo y el estadio deportivo se había llenado, al igual que los centros comerciales; y nos olvidamos de la casa de Dios una vez más. Nos olvidamos de la oración. Nos olvidamos de la importancia de volvernos a Dios en nuestro momento de necesidad. Así de simple, volvimos a la normalidad.

Aquí estamos, veintitantos años después, habiendo atravesado —o aun atravesando, según cada uno lo perciba— una temporada interesante. Nuestra vida ha sido alterada, y me pregunto qué pasará esta vez. ¿Simplemente volveremos a la normalidad o nunca olvidaremos las lecciones que hemos aprendido?

A menudo me he preguntado por qué no estábamos preparados para lo que sucedió el 11 de septiembre, porque la realidad es que simplemente no estábamos preparados para un ataque terrorista aquella mañana de 2001. Nunca nos podríamos haber imaginado que eso sucedería, a pesar de que había habido indicios de un ataque inminente. Al igual que con el 11 de septiembre, cuando llegó esta temporada en la que hemos estado viviendo, no estábamos preparados, aunque sabemos que el mundo ha atravesado pandemias similares cada 100 años más o menos. Así que, en mi frustración, a menudo me he preguntado a mí mismo: «¿por qué nadie escribió un libro después de la última pandemia? ¿Por qué nadie dejó un plan?». Bueno resulta que lo hicieron. Incluso hay artículos y registros históricos que nos advierten sobre cómo cuidarnos unos a otros en caso de una pandemia. Cada relato histórico nos dice lo mismo: no importa cuánto te prepares, no importa cuánto adviertas, la humanidad nunca está preparada.

En el sentido espiritual no hay mejor ejemplo que el de los 100 años previos al gran diluvio. Noé había estado predicando y advirtiendo al mundo que se preparara. Construyó un arca y se preparó, pero nadie lo escuchó. Lo ridiculizaron y lo trataron como a un profeta loco. Parecía que lo que decía eran incoherencias. Aunque pareciera loco, Noé siguió construyendo y preparándose, siguió profetizando y predicando.

> No importa cuánto te prepares, no importa cuánto adviertas, la humanidad nunca está preparada.

La Biblia dice en Mateo 24:37: «La venida del Hijo del hombre será como en tiempos de Noé».

Hacedores de avivamiento, sonamos como locos para el mundo. Parecemos tontos para algunos, ¡pero no dejen de construir el arca! No dejen de edificar la Iglesia de Dios. Estamos preparando a una generación para su venida. Nuestro mensaje es como el de Noé, y es hora de hacerlo bien. Ama la

Palabra de Dios y estúdiala. Lamentablemente, la historia se repite, y al igual que sucedió en los días de Noé, habrá personas que llamarán a las puertas de la iglesia un día diciendo: «¡Déjenme entrar, déjenme entrar a la iglesia!». Multitudes acudirán a la casa del Señor, pero será demasiado tarde.

Ahora, aprendan una lección de la higuera. Cuando las ramas echan brotes y comienzan a salir las hojas, ustedes saben que el verano se acerca. De la misma manera, cuando vean que suceden todas estas cosas, sabrán que su regreso está muy cerca, a las puertas. Les digo la verdad, no pasará esta generación hasta que todas estas cosas sucedan. El cielo y la tierra desaparecerán, pero mis palabras no desaparecerán jamás (Mateo 24:32-35 NTV).

Nos cercioramos de que nuestra casa esté segura. Lo último que hacemos antes de irnos a la cama es revisar cada puerta y cada ventana. Verificamos si tenemos las llaves de nuestro coche. Nos ocupamos de garantizar que nuestra casa esté completamente segura. Cuando viajo, puedo usar una aplicación para ver si la alarma de mi casa está encendida o apagada. ¡La Escritura nos amonesta a proteger nuestra casa espiritual de la misma manera! ¡Hay un ladrón que intenta robar, matar y destruir tu salvación! La misión perversa de su vida es destruirte. Satanás busca robar tu salvación y destruir tu fe. Él busca apagar el fuego del Espíritu Santo y viene contra ti desde todos los flancos.

El Señor te dice que, así como proteges tu casa porque no quieres que nadie se lleve tus joyas, tu dinero y tus posesiones valiosas, ¡debes proteger tu alma aún más!

> ¡Hay un ladrón que intenta robar, matar y destruir tu salvación! La misión perversa de su vida es destruirte.

Declara lo siguiente: «Voy a asegurarme de cuidar mi salvación. No voy a dejar que la rebelión ni la amargura entren en mi corazón. No voy a permitir que la depresión, el pecado ni las cosas de este mundo entren en mi corazón. En cambio, me cercioraré de mantenerme firme en la fe porque estamos demasiado cerca de la hora en que la trompeta va a sonar.

Debes entender que esto es lo que dicen las Escrituras:

> ¡Así que ustedes también deben estar alerta!, porque no saben qué día vendrá su Señor. Entiendan lo siguiente: si el dueño de una casa supiera exactamente

a qué hora viene un ladrón, se mantendría alerta y no dejaría que asaltara su casa. Ustedes también deben estar preparados todo el tiempo, porque el Hijo del Hombre vendrá cuando menos lo esperen (Mateo 24:42-44 NTV).

Permítanme aclarar esto: no vivimos con temor de la venida del Señor, ¡es nuestra bendita esperanza! Solo quiero estar listo y preparado. Tengo algunos miembros de la familia allá arriba a quienes me gustaría volver a ver. Hay algunas personas con las que me gustaría hablar allí. Me gustaría ver a David adorar a Dios en persona, en vivo y a todo color. Tengo la corazonada de que mi Padre desafiaría a David a danzar, y conociendo a mi Padre, David ganaría el desafío. Me gustaría conocer a Pedro y hablar con él sobre el aposento alto. Me gustaría sentarme con Elías y hablar sobre milagros. Me gustaría encontrarme con Jeremías, conocido como el profeta llorón, quien ya no llora, sino que tiene una sonrisa en su rostro porque Dios ha rescatado a los exiliados de Israel. Me gustaría ver a Daniel y pedirle que me cuente cómo fue realmente cuando los

> No vivimos con temor de la venida del Señor, ¡es nuestra bendita esperanza! Solo quiero estar listo y preparado.

leones lo rodearon y él se mantuvo firme en su fe. Y más importante que todos esos héroes de la Biblia, quiero ver el rostro de Dios, el Santo, aquel que nos ama tanto que dio a su Hijo unigénito y declaró que nosotros somos dignos de la sangre del Cordero de Dios. De eso se trata. No quiero perder la oportunidad de ver a mi Señor y Salvador.

Suelo viajar en avión entre 443 000 y 500 000 kilómetros al año. Tanto los agentes de la Agencia de Administración de Seguridad del Transporte (TSA, por sus siglas en inglés) como los agentes en la puerta de embarque del aeropuerto me conocen todos. ¿Crees que solo porque ellos me conocen y porque yo los conozco, tengo derecho de llegar a la hora que quiero para abordar un avión? Si ese avión tiene programado despegar a las 9:12 a.m., yo no puedo aparecerme a las 9:17 a.m. y decir: «¿Por qué no me dejaron subir al avión? ¡Saben qué clase de pasajero soy, me conocen, saben que se suponía que debía viajar en ese avión!».

Si alguna vez lo hiciera, estoy seguro de que me responderían: «Está bien, señor, pero usted sabía que el avión estaba por despegar y debió haber estado aquí a tiempo. ¡Usted debería saberlo mejor que nadie! ¡Debería saber que tiene que estar aquí a tiempo!». ¡Hermanos y hermanas en la fe en Cristo, por favor escuchen el clamor de mi corazón! Cuando suene esa trompeta, ¡deben estar preparados! Y díganle también a los demás que se preparen.

Ahora que tengo cuarenta años, me he vuelto un poco sensible. Cuando viajo con Jina por todo el país, se me acercan jóvenes adultos, que ahora tienen familias propias, que fueron llamados al ministerio, bautizados en agua o que fueron llenos del Espíritu Santo en campamentos juveniles donde yo prediqué hace más de 20 años. Significa mucho para mí ver que los más de 20 años que trabajé en el ministerio no fueron en vano. Hay fruto del sacrificio. Las almas no solo se conmovieron por un momento. ¡Todavía están viviendo para Dios y ahora están preparando a otros para que estén listos para la venida del Señor!

La Biblia compara la venida del Señor con una boda, la cena de las bodas del Cordero. Nosotros, la novia de Cristo, vamos a encontrarnos con nuestro pariente redentor, aquel que nos amó lo suficiente como para venir a rescatarnos. No tuviste que buscarlo tú, sino que Él te buscó a ti. Es común en el cristianismo clásico decir: «Yo elijo a Jesús» o «Le dije sí a Jesús. Lo he aceptado». Si bien obviamente no tenemos ningún problema con eso, debemos ser conscientes de que

> Nos estamos preparando para la cena de las bodas del Cordero.

nosotros no lo elegimos a Él, sino que Él nos eligió a nosotros. Nos eligió a ti y a mí cuando aún éramos pecadores y estábamos en rebelión. Conociendo el fin desde el principio y el principio desde el fin, el Dios de la eternidad nos vio y nos amó lo suficiente como para salvarnos. Él te eligió a ti; y por eso nos estamos preparando para la cena de las bodas del Cordero.

En EE. UU, hay una vieja tradición de bodas, según la cual la novia debe llevar «algo viejo, algo nuevo, algo prestado y algo azul».

Esto también puede aplicarse a nuestro pronto encuentro con nuestro Señor y Salvador.

ALGO VIEJO

¡Recuerda lo que te trajo hasta aquí y aférrate a ello! La Biblia dice que no debemos cambiar de lugar los linderos antiguos. ¡Recuerda de dónde vienes! Amo a la Iglesia y estoy agradecido de estar lleno del Espíritu. Nunca debemos dejar de predicar sobre el poder del Espíritu Santo. Debemos seguir orando por los enfermos en el nombre de Jesús y predicando lo que nos trajo hasta el lugar en el que estamos actualmente. La base sigue siendo la misma.

ALGO NUEVO

Si bien debemos aferrarnos a algunas cosas antiguas, también necesitamos algo nuevo.

Así que dejemos de repasar una y otra vez las enseñanzas elementales acerca de Cristo. Por el contrario, sigamos adelante hasta llegar a ser maduros en nuestro entendimiento. No puede ser que tengamos que comenzar de nuevo con los importantes cimientos acerca del arrepentimiento de las malas acciones y de tener fe en Dios. Ustedes tampoco necesitan más enseñanza acerca de los bautismos, la imposición de manos, la resurrección de los muertos y el juicio eterno. Así que, si Dios quiere, avanzaremos hacia un mayor entendimiento (Hebreos 6:1-3 NTV).

Los hacedores de avivamiento no pueden ser personas estancadas, atascadas en lo que Dios hizo en el pasado, y perderse de lo que Él está haciendo ahora. ¡El gran avivamiento es una lluvia doble! ¡La lluvia temprana y la lluvia tardía juntas! La armonía de lo viejo y de lo nuevo que se unen. Un matrimonio no tendrá éxito si uno o ambos individuos rechazan la noción de que los dos se han convertido en uno al conservar la ilusión de que pueden preservar una identidad que realmente ya no existe. Se ha producido un cambio; por lo tanto, ¡deben abrazar lo nuevo y vivir en ello!

ALGO PRESTADO

Si has estado caminando con el Señor el tiempo suficiente, sabes que toda buena dádiva y todo don perfecto descienden del Padre que está en lo alto (ver Santiago 1:17). Si bien nada de eso es mío, Dios me ha dado acceso a todo. Él es un buen Padre; no es tacaño ni egoísta con lo que le pertenece. Y si vamos y le pedimos algo bueno de acuerdo con su voluntad y en su nombre, Él prometió que nos lo daría. Debemos recordar esta verdad y aferrarnos a ella. Realmente no somos dueños de nada; somos administradores de todo. Trata a todos y a todo como si fueran posesión del Señor porque realmente lo son. Un día, el Dueño de todo vendrá y preguntará «¿Qué hiciste con la vida que te di? ¿Qué hiciste con tu ministerio? ¿Qué hiciste con ese talento que te di?», porque es hora de que sean probados por el fuego.

> Dios es un buen Padre; no es tacaño ni egoísta con lo que le pertenece.

Esto me hace ver lo que está mal en mi vida. Recuerdo estar en una campaña donde T.F. Tenney estaba predicando y dijo: «Tus obras serán probadas por fuego». Explicó lo triste que sería pasar toda tu vida haciendo algo que al ser probado por el fuego se convirtiera en hojarasca porque nunca ha sido realmente una obra de Dios. No lograste lo que podrías haber logrado con los recursos que Dios puso a tu disposición.

Amigos, cuando mis obras se prueben a través del fuego, quiero que salgan como oro. Tal vez haya algunas imperfecciones, algunas abolladuras o rasguños, pero quiero saber que lo que hice tuvo un valor eterno.

ALGO AZUL

El azul es el color del amor. El cuerpo de Cristo necesita un avivamiento de amor fraternal. No somos un grupo de extraños que se juntan para adorar juntos cada semana. Eres mi hermano, mi hermana, y no voy a pelear contigo porque tengo un Padre en el cielo que, si se parece en algo a mi papá terrenal, entonces se debe enojar mucho cuando sus hijos comienzan a pelear entre sí. Necesitamos un avivamiento de amor. No puedo

> No puedo hacer nada si no amo a Dios, al cuerpo de Cristo, a los seres humanos en general, al Reino y a mí mismo. Necesitamos amor.

hacer nada si no amo a Dios, al cuerpo de Cristo, a los seres humanos en general, al Reino y a mí mismo. Necesitamos amor.

Algunos podrán pensar: «¿Amarme a mí mismo? Eso es un poco extraño». No es así, tengo que amarme lo suficiente como para no perderme. Tengo que amarme lo suficiente como para escudriñar la Biblia, dedicarme a la oración y estar preparado.

CAPÍTULO 8

EXPECTATIVA

Dios se complace en la fe expectante. Le gustan los niños hambrientos que regresan por más una y otra vez. A principios de este año, llegué casa después de un viaje que me mantuvo lejos más tiempo de lo habitual. Para bien o para mal, te acostumbras a comer en restaurantes todos los días. Realmente tenía antojo de comida casera, y resulta que estoy casado con una de las mejores cocineras que existen. ¡Jina es una hacedora de avivamiento en la cocina! Obviamente ella es mucho más que eso, pero la verdad es que ¡mi esposa hace magia en la cocina!

Me había ido por varios días seguidos, y en el vuelo de regreso a casa estaba aburrido. Puedes mirar varios videos de YouTube, adelantar algo de trabajo y hacer otras cosas, pero llega un momento en que te quedas sin cosas para hacer en un avión. En el vuelo a casa empecé a pensar en uno de mis temas favoritos: la comida. ¡Quería comida casera!

Cuando llegué a casa, Jina me preguntó si quería llevar a todos a comer afuera. Le dije que, honestamente, prefería comer algo en casa. Comencé a contarle a Jina sobre mi momento de reflexión en el avión. Le dije que había estado pensando en cuál era mi comida favorita y que había tomado una decisión oficial. Mi comida favorita es «la sopa de papas de Jina». Tan pronto como se lo dije, ella se echó a reír, pensando que estaba mintiendo. ¡Le dije que era en serio! Ella sabe que me gusta mucho la carne, así que naturalmente supuso que mi comida favorita era el filete.

Le dije: «Piensa en todos los restaurantes de carne a los que hemos ido. ¿Alguna vez me has escuchado pedir otro filete?».

Ella dijo: «No».

Entonces agregué: «Sin embargo, cada vez que haces esa bendita sopa de papas, me como ocho tazones. Subo tres kilos en un día cuando como esa sopa. ¡No hago eso con ninguna otra comida en ningún otro lugar!».

Jina comenzó a creerme y dijo: «¿Realmente te gusta tanto?». Bueno, ¿adivina qué había en la cocina al día siguiente? ¡No una sino dos ollas de sopa de papa! Más tarde esa noche, mientras me devoraba mi octavo tazón de sopa, ella me dijo: «Me di cuenta de que es posible que estés diciéndome la verdad. Cuando recordé cómo te comportas cada vez que preparo esta sopa, pensé: "Si le gusta tanto, voy a prepararle la sopa"». Le dio placer hacerlo.

Como ya saben, puedo convertir cualquier cosa en un sermón, incluida una historia sobre mi glotonería por la sopa de papas de Jina. ¡Sí, esto también puede aplicarse a lo espiritual! Piensa en cómo se siente tu Padre celestial cuando sabe que te deleitas en sus bendiciones y en sus caminos. Dios se complace en alegrar a sus hijos. Cuando ve ese gozo manifestado en tu alabanza y en tu adoración, cuando ve que Él te satisface, que eres feliz, que estás lleno de gozo, que estás agradecido, Dios decide darte más y derramar más de su bondad sobre ti. La gratitud provoca bendiciones.

> Dios se complace en alegrar a sus hijos.

Tengo hambre de las cosas de Dios y también anhelo sus bendiciones. El hambre que siento por Él hace que Dios me demuestre su poder y su bondad.

Comencé este libro relatando un momento que tuve con Dios a principios de 2021 en la Iglesia Fresh Start en Phoenix, Arizona. Tuve otro de esos momentos en Chicago en 1999. Yo era un predicador joven y tenía hambre de lo milagroso. Había crecido viendo a Dios hacer milagros en nuestra iglesia. Había visto a personas siendo bautizadas y llenas del Espíritu Santo. Pero al igual que en la historia de la sopa de papa, tenía hambre de más. Cada vez que Dios se movía en nuestro culto, nunca estaba satisfecho, quería más. Solía decirle al Señor: «¿Qué más? ¿Qué más puedes hacer?».

Experimentamos muchas veces el gran mover de Dios. En ocasiones, llegábamos a estar literalmente ebrios en el Espíritu Santo. Los jóvenes nos tenían que subir al autobús después del campamento juvenil porque estábamos tan llenos del Espíritu Santo. Y recuerdo estar sentado en el autobús y pensar: «¿Qué más puedes hacer?».

> Estaba cautivado y hambriento por lo milagroso. Necesitaba saber si era real o si era falso.

No estaba satisfecho con el hecho de que Dios acabara de moverse en el culto; anhelaba y esperaba que Él se siguiera moviendo en el autobús desde el campamento juvenil hasta llegar a casa. Entré al culto del domingo por la mañana con esta gran expectativa: «Dios va a hacer algo». Tenía mucha hambre por ver una mayor manifestación del Señor. Cuando era niño, la mayoría de los pentecostales no tenían televisores. Y si tenías uno, no le decías a nadie porque lo consideraban «el diablo de un solo ojo», y se suponía que no debías tener uno en tu casa. Afortunadamente, nosotros teníamos un «monitor» (un televisor sin cable) que podía manipular con los clips sujetapapeles para sintonizar canales.

Solía ver la televisión cristiana durante horas. Observaba esos servicios con una santa frustración que se agitaba en mi interior. Veía esas cruzadas de sanación donde 20 a 30 sillas de ruedas eran llevadas al frente y quedaban vacías. En un momento, la gente era sanada aquí y allá. Decenas de personas hacían fila, listas para testificar sobre cómo Dios las había sanado y cómo las había liberado; relataban los milagros que Él había hecho. Yo estaba cautivado y hambriento por lo milagroso. Necesitaba saber si era real o si era falso.

Cuando llegué al estadio en Chicago, ese día vi a una señora en una silla de ruedas con un tanque de oxígeno. Su esposo la ayudó a salir del auto y la llevó al estadio. Dios me permitió ver eso porque Él me iba a mostrar algo más adelante en el culto para demostrarme que era Él quien hacía estas cosas.

El Espíritu Santo llenó el estadio cuando la gente comenzó a alabar y adorar a Dios. Durante ese tiempo de adoración, escuché a una señora gritar. Me di la vuelta para mirar y era la señora del estacionamiento. Estaba desconectando las cánulas que tenía en su nariz. Desconectó todo del tanque de oxígeno. La vi levantarse de la silla de ruedas, mientras su esposo lloraba. Vi como ella comenzó a mover las piernas y caminar, completamente curada. Nadie le impuso las manos. Nadie le dio una palabra de fe. Ella fue sanada en la presencia de Dios. Observé cómo ella y su esposo celebraban.

Luego escuché un grito desde el otro lado del estadio. No sé exactamente qué tipo de sanación recibieron, pero era obvio que algo milagroso estaba sucediendo. El pastor Benny dijo: «Sí, Señor, hazlo de nuevo». Los milagros comenzaron a suceder como palomitas de maíz estallando por todo el estadio. Nadie tenía que orar. Nadie tenía que pedirlo, porque en la presencia de Dios todo es posible.

> Nadie le dio una palabra de fe. Ella fue sanada en la presencia de Dios.

Dios me llevó a ese culto para incentivar mi fe y cambiar la forma en que le presento mis necesidades. Ese culto confirmó lo que mi padre siempre me había enseñado acerca de la alabanza y de la adoración: cuando alabamos a Dios, ¡las bendiciones llegan! Dios habita en la alabanza de su pueblo. ¡Cuando Él viene, toda bendición y beneficio viene con Él! ¡Las bendiciones de Dios están a solo una alabanza de distancia! Pude experimentarlo en una cruzada de milagros. Era como si la alabanza fuera un imán que literalmente atraía el cielo a la tierra. A través de la alabanza y de la adoración, se creó una atmósfera de milagros, y comenzaron a suceder milagros en todo el lugar.

Abrumado por todo lo que Dios estaba haciendo, entré en el vestíbulo del estadio. Había una señora golpeando la puerta exigiendo que la dejaran entrar para participar del culto. Aparentemente, el estadio había alcanzado su capacidad máxima y no dejaban entrar a nadie más, pero esta señora era persistente y gritaba: «¡Déjenme entrar! ¡Déjenme entrar! ¿No entienden? ¡Si entro allí, voy a recibir un milagro!». Ese momento me marcó. Esta mujer no venía con los dedos cruzados con la esperanza de que Dios se moviera a su favor. Ella estaba convencida de que, si podía ingresar a ese salón, *¡sería sanada!*

No tenía esperanza; tenía expectativa. Al igual que los miles de personas que asistieron ese día

> No tenía esperanza. Tenía expectativa. Todos ellos llegaron con la confianza de que, si podían entrar en ese salón, serían sanados.

y recibieron su milagro. Todos ellos llegaron con la confianza de que, si podían entrar en ese salón, serían sanados.

Ese culto cambió mi vida porque ese día Dios me reveló el nivel más alto de fe que existe: la expectativa. Esas personas tenían la expectativa de que recibirían un milagro, de que serían sanadas.

Esa experiencia cambió mi percepción de cómo debo acercarme al Padre. Durante años me había acercado al Señor con una actitud tímida e insegura: «¿Señor, podrías sanarme por favor? ¿Podrías bendecirme por favor? ¿Podrías ayudarme por favor?». Pero la Biblia dice que te acerques confiadamente al trono de su gracia. Él es tu Padre y nosotros somos sus hijos. Los hacedores de avivamiento tenemos la expectativa de que Dios responderá. Esperamos ver milagros y experimentar un avivamiento. No solo lo deseamos y oramos para que quizás suceda, ¡tenemos la expectativa de que sucederá! Así es como debes llegar a cada culto: con la expectativa de que habrá un mover del Espíritu y de que estallará un avivamiento.

> Tengo la expectativa de que sucederán milagros, sanaciones y un avivamiento.

Soy plenamente consciente de los tiempos en que vivimos, los problemas que nos rodean y la opinión de los detractores del cristianismo. Pero aquí es donde estoy parado hoy. Como la mujer que intentaba entrar en la cruzada en Chicago, estoy golpeando a la puerta, estoy presionando, estoy insistiendo para entrar en la presencia de Dios. ¡Solo sé que en su presencia todo es posible!

Tengo la expectativa de que sucederán milagros, sanaciones y un avivamiento

Hay una vieja canción que no todos recuerdan, pero es la canción de mi corazón para esta temporada:

¡Escucho el sonido de la lluvia abundante!

¡Dios va a derramar su Espíritu sobre toda persona!

Como en los días de antaño

El avivamiento viene de nuevo

¡Escucho el sonido de la lluvia abundante!

CAPÍTULO 9

EMBAJADORES EN CADENAS

Hay dos versículos específicos donde el apóstol Pablo se refiere a sí mismo como un embajador, cada uno escrito en diferentes contextos. En segunda de Corintios 5:20 leemos las palabras de un apóstol a menudo frustrado con el sistema religioso que ya se estaba instaurando en la Iglesia primitiva; de todos modos, él era un hombre libre. Esta es la cita comúnmente utilizada cuando se habla de ser un embajador de Cristo, pero quiero centrarme en otro ejemplo que se encuentra en Efesios 6:19-20:

> Oren también por mí para que, cuando hable, Dios me dé las palabras para dar a conocer con valor el misterio del

evangelio, por el cual soy embajador en cadenas. Oren para que lo proclame valerosamente, como debo hacerlo.

Como probablemente sepas, la mayor parte del Nuevo Testamento fue escrito desde de una prisión, pero ¿alguna vez has considerado la imagen que proyecta esta frase usada por el apóstol?: «embajadores en cadenas». ¿No parece una contradicción ser un embajador (enviado, emisario, mensajero representante, delegado) encadenado (confinado, atado, encarcelado)? Cuanto más viejo me hago, cuanto más cambia el mundo, más creo que podemos identificarnos con el concepto de ser «embajadores en cadenas» de Cristo, como lo fue Pablo.

Nuestro mensaje evangelístico, aunque sigue siendo la buena noticia (la buena nueva) para todas las personas, ciertamente no es el mensaje más popular. Se opone a los deseos de la carne; desafía la corrupción de los sistemas del mundo; brilla en la oscuridad; y al hacerlo frustra los planes del enemigo. Es por estas razones que el enemigo de nuestra alma no se detiene ante nada para impedir la difusión del mensaje del evangelio, así como para crear obstáculos que eviten que los creyentes usen su autoridad dada por Dios para influir en este mundo presente. Por eso, somos atacados en las aulas, en los tribunales, en los lugares de negocios e incluso en cada nivel del gobierno.

Ser un cristiano que cree en la infalibilidad de Biblia y en que Jesús es el único camino al Padre, te convierte en un extremista en estos días. Está casi garantizado que serás censurado, ridiculizado y deslegitimado. Tomar una posición judeocristiana probablemente hará que te expulsen de los comités, que te excluyan de las juntas y que te ridiculicen en lugar de respetarte.

Sin embargo, ¿cuándo ha sido diferente? Todo lo que tienes que hacer es volver al Jardín del Edén y ver cómo el enemigo se hizo presente para evitar que Adán y Eva caminaran en comunión con Dios. Esta historia se repite una y otra vez. Desde el Faraón hasta Jezabel, desde los gobernantes de los filisteos hasta Herodes, el plan de Dios siempre enfrenta oposición.

Mi padre provenía de Colombia y vivió la mayor parte de su vida bajo la opresión de los ejércitos socialistas rebeldes que libraron una guerra civil interminable contra el gobierno. Más tarde vino el peligro de las infames guerras contra las drogas que asediaron el país desde los años 70 en adelante. Mi padre me advirtió que se acercaba un día en que «ellos» vendrían por nuestras Biblias e intentarían evitar que nos reuniéramos para adorar. Me habló de hogueras donde los soldados comunistas se reunían y quemaban todas las Biblias en las aldeas, y los capos de la droga amenazaban a los pastores para esconder drogas en sus edificios. Si el pastor no aceptaba el soborno, se les decía que se fueran de inmediato o enfrentaran el riesgo de muerte.

Predicar el evangelio de Jesucristo hizo que mi padre fuera atacado físicamente. Una vez fue apedreado hasta que quedó inconsciente y esencialmente dado por muerto. Su crimen fue predicar y cantar las buenas nuevas de Jesucristo. Escuché historias sobre bombas de humo que fueron lanzadas a las ventanas de pequeñas iglesias para evitar que los santos cantaran. Seguían predicando, seguían cantando, seguían haciendo discípulos. En medio de la persecución e incluso del ataque directo, ellos perseveraron y el Reino de Dios siguió avanzando.

Eran embajadores en cadenas.

Mi padre nos advirtió que a medida que pasara el tiempo, este tipo de cosas no sucederían solo en Colombia, sino que afectarían a todo creyente. El llamado apasionado de mi padre a respetar y honrar la Palabra de Dios no siempre tuvo sentido para un niño o un adolescente de los años 80 y los 90 que no vivió ninguna persecución real. Sin embargo, ahora considero que mi padre era un profeta. Sabía que estos días se acercaban. Profetizó que un día el gobierno llegaría tan lejos como para arrestar a los pastores en los Estados Unidos por celebrar cultos cristianos. Él anticipó que un día la Biblia sería ridiculizada, quemada y enterrada como un libro de fábulas en lugar de ser venerada y respetada como la Palabra de Dios.

Por lo tanto, nosotros también somos ahora embajadores en cadenas.

Hemos sido llamados a ser luz en la oscuridad, y ahora estamos empezando a comprender lo que realmente se necesita para erradicar la oscuridad del infierno. El llamado del evangelio no es practicar nuestra fe en privado, cantar solos y ocultar a quién pertenecemos. ¡Estamos llamados a mostrar las maravillosas obras del Señor, testificar de Él y anunciar su regreso!

> ¡Estamos llamados a mostrar las maravillosas obras del Señor, testificar de Él y anunciar su regreso!

A veces, es más fácil decirlo que hacerlo. En el turbulento mundo de los gobiernos locales y nacionales, si miramos las circunstancias con nuestros ojos naturales, parecería que se ha perdido toda esperanza de moralidad e integridad; pero los hacedores de avivamiento ven las cosas de manera diferente. El estado decadente de nuestra cultura hace que un enojo santo se despierte en los creyentes porque sabemos que las cosas no deberían ser tan malas, no tendríamos que haber llegado a este punto de inmoralidad, pero aquí estamos. Sin embargo, ¿no estamos cansados de simplemente ser cristianos enojados? Aquí es cuando los hacedores de avivamiento entran en escena.

Hace aproximadamente una década, me invitaron a asistir a un evento político en Washington D. C. Lo hice por una causa muy importante para mí. Estaba frustrado debido hacia dónde se dirigía nuestra nación, pero no sabía qué hacer con mi enojo además de solo quejarme. Un amigo del clero me invitó a ir con él a Washington D. C. Al principio lo rechacé y le dije: «Las cosas nunca cambian, ¿por qué molestarse?». Sin embargo, él insistió en que fuera y me preguntó si alguna vez había oído predicar a Sam Rodríguez o si había escuchado hablar de él. No lo había hecho. Así que me mostró uno o dos videos que estaban disponibles en Internet. Nunca había escuchado a un líder pentecostal de ascendencia hispana hablar con tanta autoridad y claridad de los temas actuales. No me gusta hacer comparaciones y especialmente lo evito en estos días, pero les diré que hace 11 años, cuando escuché hablar al pastor Sam (como me refiero a él ahora), pensé: «Es la versión latina de Martin Luther King».

«Eres lo que toleras».

«El silencio no es una opción».

«La complacencia de hoy es el cautiverio de mañana».

«Nunca sacrificaremos la verdad en el altar de la conveniencia política».

Estas son solo algunas de las citas del pastor Sam que calaron hondo en mí y que nunca he olvidado. En el evento en Washington D. C. que mencioné había más de un cuarto de millón de personas reunidas. Eso sí, era un evento político, por lo que todas las religiones estaban representadas. El pastor Sam fue uno de los varios líderes religiosos a quienes se les pidió que oraran. Por lo general, en eventos como este —al menos cuando se trata de los representantes de la fe— todos tienen una actitud tipo «Kumbaya», incluidas las religiones que no conocen ese himno en particular. A los oradores se les pide que hablen u oren sobre generalidades y que no hagan ningún comentario u oración que cause división o que haga que un creyente de otra fe se sienta excluido.

Si bien este concepto puede ser noble, pues los cristianos debemos ser pacificadores, nunca debemos traicionar la verdad del evangelio —como dice la cita del pastor Sam sobre no sacrificar la verdad en el altar de la conveniencia política—. En ese evento, varios líderes religiosos subieron al podio y ofrecieron oraciones agradables, muy apropiadas y generalizadas a los «poderes superiores» —uno de ellos incluso le oró a la naturaleza—. Cuando el pastor Sam se subió al podio parecía tener la unción del profeta Samuel. Cuando oró, lo hizo en el nombre que está sobre todo nombre, el nombre de Aquel que fue, que es y que ha de venir: «Mi Señor y Salvador Jesucristo». De esta manera, cumplió con el llamado del apóstol Pablo a ser embajador de Cristo. Él no se avergonzó de su Salvador y puso en práctica lo que dice Colosenses 3:17: que todo lo que hagamos de palabra o de hecho, lo hagamos en el nombre de Jesucristo.

El cielo tocó la tierra ese día en Washington D. C. Lo sentí. No mucho tiempo después, la obispo Anne Giménez me conectó con el pastor Sam y terminé trabajando con él. Uno de los mayores honores de mi vida ha sido caminar con el pastor Sam desde la casa de la iglesia hasta la Casa Blanca. Tanto con los meseros de Starbucks como con las personas de la Oficina Oval, Sam demostró lo que significaba ser un embajador de Cristo mediante su constante caminar con Dios y su disposición a orar con cualquiera. Participé en más de una reunión en la que los políticos literalmente nos suplicaron que traicionáramos nuestra convicción sobre la santidad de la vida para beneficiar otras agendas políticas o legislaciones. En todas esas ocasiones, su invitación a que transigiéramos se encontró con un muro de ladrillos llamado integridad. Nos fuimos de muchas reuniones frustrados con las personas con las que nos habíamos reunido, pero satisfechos de que estábamos agradando a Dios en lugar de al hombre.

Ha sido la influencia del pastor Sam en mi vida lo que me convenció de que es posible ser un líder influyente lleno del Espíritu en la sociedad actual. Cuando comencé a trabajar con el pastor Sam, el evento de Washington D. C. estaba principalmente conformado por líderes cristianos que no estaban llenos del Espíritu. En privado se nos animaba a bajar el tono de la retórica pentecostal/carismática. Se nos daba a entender que, para tener influencia, debíamos ser cuidadosos tanto en nuestras declaraciones y oraciones como en los artículos de opinión relacionados con temas controversiales. Eso sí, esto fue de 10 a 15 años después de que líderes como el pastor Rod Parsley escribiera *Silent no more* (No más silencio) y que así se encendiera la llama de la pasión que incentivaría a los creyentes llenos del Espíritu a involucrarse. El pastor Parsley alzó su voz y, a la vez, levantó a una generación de líderes audaces para que tomaran una postura sobre temas como la vida, el matrimonio (como se define en las Escrituras) y la predicación acerca de liberar a los cautivos (ya sea de la esclavitud en Sudán o de las garras del pecado). Rod Parsley demostró que el verdadero avivamiento comienza en la Iglesia, pero debe llegar a todas las casas, incluida la casa de gobierno.

No quiero ser redundante, pero se daba por sentado que la única manera de permanecer «en el redil» de D. C. era transigiendo. El pastor Sam ha hecho algo que no he visto hacer a nadie desde Billy Graham. Nunca ha comprometido sus convicciones y, sin embargo, no ha perdido la oportunidad de hablar con quien ocupe un cargo. En realidad, esto es bastante bíblico y profético. Cuando entramos en la habitación como embajadores del León, el Cordero y la Paloma; los elefantes, los burros y la serpiente se sujetan a la autoridad que se nos ha dado. He visto a las figuras más controvertidas de la política estadounidense quedarse sin palabras en nuestras reuniones, y al terminar le pedían al pastor Sam que ore por ellos o que los aconseje en sus vidas personales.

Si bien, por un lado, nosotros cumplimos el papel de embajadores, por otro lado, parece que los medios de comunicación, incluidos los periodistas religiosos, intentan hacer todo lo posible para mantenernos en cadenas. La serpiente es astuta e intencional en su intento de silenciar a la verdadera Iglesia. Aparentemente tampoco tiene buena memoria, pues Pablo hizo más como embajador en cadenas que sin cadenas.

En uno de los tiempos más oscuros de la humanidad, Dios nos ha levantado a ti y a mí para que seamos embajadores, a veces en cadenas, otras veces no, pero siempre embajadores de la verdad y de la justicia. En la era de la cultura de la cancelación y la censura, puede ser más difícil difundir el verdadero

> Nuestro llamado nos obliga a seguir predicando y enseñando el evangelio.

evangelio, pero nuestro llamado nos obliga a seguir predicando y enseñando el evangelio. Sé que muchos están cansados de la lucha constante, incluso entre algunos que dicen ser seguidores de Cristo, pero que han sido engañados por un falso evangelio social de alegorías y fábulas, en lugar de verdad y rectitud. Estamos cansados de ser golpeados por todos lados, ridiculizados y cuestionados, pero los embajadores seguimos adelante, incluso cuando estamos en cadenas. La misión es demasiado importante y el Rey que representamos nos ha salvado del peor destino como para dejar que unos cuantos demonios nos asusten.

Los embajadores del avivamiento hablan la verdad, no solo para empoderar a los líderes civiles, sino también a los líderes religiosos. Lo que me resulta vergonzoso de esta época es ver a personas criadas en las cosas de Dios que han abandonado la verdad por una mentira. Han cedido a enseñanzas demoníacas como el universalismo, el evangelio de la inclusión, la agenda LGBTQ y el desprecio por la santidad del matrimonio. Todo vale para ellos. Esta, en mi opinión, podría ser la mayor lucha de la Iglesia porque estas voces ya tenían un pie en la puerta. No luchamos contra una persona, sino contra un espíritu; pero este espíritu se ha apoderado de algunos cantantes, músicos, atletas y predicadores populares. ¡Ellos no silencian lo que piensan! ¡No son tímidos para criticar la verdad! Por lo tanto, nosotros tampoco podemos darnos el lujo de guardar silencio. Las palabras tienen poder, por lo que debemos destruir cada una de sus mentiras con la verdad. Debemos aceptar el papel de embajadores, no solo ante la sociedad y ante nuestra comunidad de fe, sino también en nuestras familias. ¿Cómo sabrán nuestros hijos lo que defendemos y por qué, si no se los decimos?

El papel de un embajador en la sociedad actual es hablar en nombre de su gobierno, representarlo y ayudar a sus ciudadanos. Eso es lo que Dios nos ha encomendado a los hacedores de avivamiento.

Hablar en nombre de Dios al mundo.

Representar el verdadero cristianismo ante el mundo.

Amar a tus hermanos y hermanas.

Hay muchas maneras en que los hacedores de avivamiento pueden cumplir con su papel como embajadores dentro de su comunidad local.

Como padre de cinco hijos, en mi corazón siento una carga específica por las escuelas de nuestra nación. Hay una necesidad urgente de que los guerreros de oración se levanten y oren nuevamente por nuestros sistemas escolares. Antes era común que las iglesias oraran e incluso caminaran o marcharan en oración alrededor de las escuelas de sus comunidades. Más que nunca, nuestros niños están en peligro por

> ¿Cómo sabrán nuestros hijos lo que defendemos y por qué, si no se los decimos?

los tiroteos escolares y otras amenazas existentes. Este es un fenómeno demoníaco de la era actual. No importa si vives en un área metropolitana o rural, la amenaza siempre está presente. Necesitamos interceder por nuestras escuelas y pedirle al Señor que envíe un ejército de ángeles para proteger a nuestros hijos tanto al ir y al volver de la escuela como mientras aprenden.

La violencia general que amenaza a nuestra sociedad hace que parezca que estamos viviendo en el viejo Oeste. Mientras los políticos debaten sobre el control de armas y el recorte de fondos de las fuerzas policiales, nosotros, como embajadores de Cristo, luchamos esta batalla de otra manera. No solo debemos orar por las fuerzas policiales, sino que podemos ayudarlos, comprometiéndonos a orar por nuestras comunidades. Sabemos que las batallas que se libran en la tierra son espirituales, no son carnales. Al entender que las armas de nuestra guerra no son carnales, podemos cubrir a nuestras comunidades en oración. Nuestras iglesias están llenas de hombres y mujeres que desean entrar en el ministerio. Podemos equipar a estos creyentes y entrenarlos en los dones del Espíritu y enviarlos a las

> Sabemos que las batallas que se libran en la tierra son espirituales, no son carnales.

calles de nuestra ciudad en el espíritu de Lucas 10, para que puedan difundir el evangelio, orar por los enfermos y deshacer las obras de satanás. Es muy probable que este ministerio se convierta en el más importante dentro de nuestras iglesias locales. De esta manera, estaríamos dándole buen uso al poder de Dios que vive en nuestro interior. ¿Qué ejército de demonios podría resistirse a este ejército santo?

Dondequiera que voy, veo carpas donde se vende de todo, desde filetes baratos hasta alfombras, fuegos artificiales, etcétera, pero ¿dónde están las carpas de oración? Los hacedores de avivamiento pueden instalar carpas en su comunidad para ofrecerse a orar por la gente. ¡Dios puede usarte de esa manera! Si me has escuchado predicar antes, sabes que les digo a todos que ¡Dios fue el primer promotor de avivamiento en carpa! Dios ama las carpas y los tabernáculos. Esa fue la forma original en la que visitó a su pueblo.

El hecho es que no podemos manifestar nuestro enojo y nuestra frustración santas solo mediante las publicaciones que hacemos en las redes sociales. Debemos tomar el tipo de acciones cuyos resultados puedan medirse. Esto se relaciona con uno de los capítulos anteriores sobre la necesidad del bautismo del Espíritu Santo. Una vez que Dios te llena, estás «dotado de poder». Ese poder no es solo para hablar en lenguas en el entorno de la iglesia, sino para ser testigos y evangelistas. ¿Qué podría ser mejor que, cuando vayamos a nuestras comunidades y surja la oportunidad, estemos listos para entrar en acción?

Aunque a algunos aún les parezca una idea controvertida o demasiado descabellada, ya es hora de que más creyentes llenos del Espíritu se postulen para un cargo político, que sean miembros de nuestras Asociaciones de Padres y Maestros (PTA, por sus siglas en inglés), así como de las juntas educativas y de cualquier otra junta o comité al que podamos unirnos. No podemos influir si no participamos. ¡Debemos estar en la mesa de diálogo para traer el cambio! Dios te dará una visión que otros no tendrán. Dios te dará la próxima «gran idea» para que su nombre sea glorificado a través de ti.

En cierta época de mi vida, pasaba aproximadamente un día a la semana en Washington D. C., y me encantaba. Es una ciudad que nunca duerme, como Nueva York. Constantemente suceden cosas en alguna parte; nunca sabes a quién verás o qué podría suceder. Algo que siempre me llamó la atención y me generó curiosidad fueron los delegados extranjeros. Estaban en D. C., representando a su nación de origen. Era posible distinguir sus automóviles del resto porque las matrículas eran diferentes. Estaban aquí, pero se identificaban con otro lugar.

Hacedor de avivamiento, si pudieras ver el mundo espiritual, te darías cuenta de que sucede algo similar. Cuando los principados te ven, saben que eres diferente porque llevas una marca de identificación distintiva: el nombre de Jesús. Ese nombre y la sangre del Cordero de Dios aplicada sobre ti hacen que te destaques. Los espíritus reconocen que vives aquí, pero no eres de aquí; eres un embajador de otro mundo, de otro Reino, cuyo gobierno no tendrá fin.

EL RÍO DEL AVIVAMIENTO

Si estás en una iglesia llena del Espíritu, es muy probable que hayas oído hablar de las «corrientes» relacionadas con la herencia espiritual. Algunos provienen de la corriente pentecostal o de la corriente carismática, otros de la palabra de fe, otros de la corriente apostólica, y así sucesivamente. Cada corriente porta la verdad que todo el cuerpo necesita, pero en su mayor parte, estas corrientes han funcionado por separado unas de otras. De vez en cuando algunas de ellas se

> Aún no hemos visto una unidad completa de todas las corrientes.

fusionan, pero aún no hemos visto una unidad completa de todas las corrientes.

Cada corriente de avivamiento ha pasado por una controversia en algún momento. Podríamos usar la palabra «contaminación» para ilustrar este fenómeno. Lo que he observado es que en lugar de limpiar la contaminación o lidiar con el error cuando se infiltra en la iglesia, el cuerpo en general se desconecta completamente de la corriente. Este es un grave error porque cada corriente viene del trono de Dios con la revelación que necesitamos.

Sin la corriente de Pentecostés, la Iglesia no tiene poder. Sin la corriente carismática, la Iglesia no tiene dones. Sin la palabra de fe, la Iglesia no tiene autoridad. Sin la corriente de gozo, la Iglesia pierde su atractivo. Sin prosperidad la Iglesia no puede tomar dominio.

> Cada corriente viene del trono de Dios con la revelación que necesitamos.

Muchos han sido expuestos a una cierta medida de verdad, a una corriente de avivamiento, a una manifestación del Espíritu Santo, pero están hambrientos de más. Sostengo que la Iglesia necesita cada una de las corrientes — cada medida de verdad— y la plenitud del poder y de la demostración del Espíritu Santo. ¿Por qué conformarse con menos cuando puedes tenerlo todo?

La ecología enseña que una corriente es un flujo de agua que sigue un curso temporal; no puede sobrevivir para siempre por sí sola. Por lo tanto, se combinará con otros afluentes y formará un sistema fluvial, es decir un río que tiene un flujo y un curso permanentes.

¡Eso es lo que estoy buscando! Estoy buscando el río del avivamiento donde se encuentra la plenitud del mover de Dios. Al unir las corrientes del espíritu, en lugar de mantenerlas separadas, alimentamos el río del avivamiento con cada corriente de verdad. Por lo tanto, la Iglesia opera en pleno poder y dominio. Creo que el río fluía en la Iglesia del primer siglo. Los apóstoles y los primeros cristianos estaban unidos, no se dividían por corrientes. A pesar de que había una diversidad de dones (ver 1 Corintios 12), ellos estaban unidos en el avivamiento.

> No necesito un chorrito de gozo y una cucharadita de unción. Quiero la plenitud del río del avivamiento.

Al medir la fuerza de una corriente o de un río, los ecologistas analizan el «flujo de agua». El flujo determina la velocidad de un río, así como el caudal de agua que fluye a través de él. Estos factores afectan la calidad del agua, por lo tanto, afectan a las comunidades, los animales y las vidas humanas. El flujo afecta a todo lo que vive en el río y depende del río. No quiero solo un toque de poder, una pizca de prosperidad o un poco de autoridad. No necesito un chorrito de gozo ni una cucharadita de unción. Quiero la plenitud del río del avivamiento. Un flujo que, a la luz de la Palabra, demuestre que se trata de un río lleno de prosperidad y poder, lleno de gozo y autoridad y de todo beneficio que viene del Espíritu Santo.

Hacedores de avivamiento, este río de avivamiento que fluye desde el mismísimo monte de Dios está disponible para todos los creyentes dispuestos a buscarlo. Lo encontrarán aquellos que buscan a Dios con hambre, aquellos no se satisfacen con tan solo una corriente, sino que buscan la plenitud de Dios.

ACERCA DE TONY SUAREZ

Tony Suárez es el fundador de *Hacedores de avivamiento*, un ministerio evangelístico lleno del Espíritu que viaja de iglesia en iglesia y organiza eventos, reuniones de avivamiento en carpas, cultos de sanación y cruzadas en todo el mundo. Al ser un predicador pentecostal de tercera generación, la mayor pasión en la vida de Tony es predicar y enseñar acerca de Jesús, y ver a Dios salvar y sanar. Es anfitrión e invitado frecuente en la red televisiva cristiana internacional Trinity Broadcasting Network (TBN) y la red Victory Channel. Su ministerio de predicación y el programa *Hacedores de avivamiento* se pueden encontrar diariamente en varios medios cristianos. Además de su trabajo ministerial, Tony se desempeña como Director de Operaciones de la Conferencia Nacional de Liderazgo Cristiano Hispano (NHCLC, por sus siglas en inglés), la organización cristiana hispana más grande de la nación que sirve a más de 40 000 congregaciones en los Estados Unidos, así como a miles de iglesias en el extranjero. A través de su papel como Director de Operaciones, el pastor Tony se reúne regularmente con miembros del Congreso, la Casa Blanca y habla en eventos para promover la causa de la rectitud, la vida y la libertad religiosa. Tony y su esposa Jina, junto con sus cinco hijos, residen en Tennessee.